HEYNE BÜCHER

DAVE THOMPSON

NIRVANA
DAS SCHNELLE LEBEN DES KURT COBAIN

Aus dem Englischen
von Kurt Weitze

Deutsche Erstausgabe

WILHELM HEYNE VERLAG
MÜNCHEN

HEYNE ALLGEMEINE REIHE
Nr. 01/8489

Titel der Originalausgabe
NEVER FADE AWAY

2. Auflage

Redaktion: Werner Bauer

Printed in Germany 1995
Umschlagillustrationen: *Vorderseite* Fotex/J. Blakesberg, Hamburg, *Rückseite* JAT, München
Umschlaggestaltung: Atelier Ingrid Schütz, München
Satz: Compusatz GmbH, München
Lithografie und Druck der Bildtafeln: RMO-Druck, München
Druck und Bindung: Presse-Druck, Augsburg

ISBN 3-453-08463-2

Dank Euch allen für Eure Briefe und Eure
Anteilnahme während der letzten Jahre.

Kurt Cobain
April 1994

1

Die ersten Nachrichten waren vage, eher düstere Gerüchte, die gleich nach der morgendlichen Rush Hour hinaus in die Straßen von Seattle sickerten. Im Haus von Kurt Cobain war gerade die Leiche eines jungen Mannes entdeckt worden – offensichtlich ein Selbstmord.

Bei der Todesursache schien es sich um eine Schrotladung in den Kopf zu handeln; erste Berichte sprachen davon, die Leiche habe mindestens schon einen Tag dort gelegen, bevor sie von einem Elektriker entdeckt worden war. Es mußte ernsthaft in Betracht gezogen werden, daß es sich bei dem in Jeans, langärmeliges Hemd und schwarze Turnschuhe gekleideten Toten um Cobain handeln könnte. Das war in komprimierter Form, worauf die Stadt sich gefaßt machen mußte.

Und in mancherlei Hinsicht reichte das ja auch. Die Leiche war morgens um zwanzig vor neun gefunden worden; fünfzig Minuten später brachte der örtliche Radiosender KXRX die Meldung. Gegen zehn Uhr schien so ziemlich jedes Telefon in der Stadt am Klingeln zu sein, als ungläubige Fans ihre Freunde anriefen, weil sie ihren eigenen Ohren nicht trauten. Hast du das gehört? Ist das wahr? Was hast du noch gehört? Als geklärt war, daß niemand mehr wußte als die anderen, griffen die Leute wieder auf ihr Radio zurück und auf ihre fünf Sinne. Es würde ein sehr langer Tag werden.

Das Drama, das Seattle aus seiner morgendlichen Lethargie aufgeschreckt hatte, bestimmte am 8. April 1994 die Schlagzeilen. Aber was jetzt schmerzhafte Aktualität war, hatte sich bereits seit einem Monat angebahnt, seit jenem Tag, an dem Kurt Cobain eine eigentlich tödliche

Kombination von Champagner und Medikamenten zu sich genommen hatte und daraufhin auf dem Fußboden eines italienischen Hotels zusammengebrochen war.

Schon damals hatte ein Teil der westlichen Welt den Atem angehalten, und als CNN – natürlich irrtümlicherweise – meldete, der Sänger sei gestorben, waren die Leute bereits auf das Schlimmste gefaßt gewesen.

Die ersten Stellungnahmen von Nirvanas Managementfirma Gold Mountain waren irreführend und unbestimmt geblieben. Die *Seattle Times* zitierte einfach nur die Sprecherin von Gold Mountain, Janet Billig, die erklärt hatte, Kurt seien nach Nirvanas gerade beendeter Europatournee schmerzstillende Mittel gegen die Bauchschmerzen verschrieben worden, die ihn schon sein halbes Leben lang quälten. Eine Kombination dieser Medikamente mit Alkohol habe dann zu dem geführt, was sie als ›Komplikationen‹ bezeichnete.

Eine ausführlichere, wenn auch immer noch unvollständige Erklärung wurde später an diesem Tag veröffentlicht: »Kurt Cobain ist um sechs Uhr morgens MEZ in ein Koma gefallen ... Das Koma ist auf eine Grippe und totale körperliche Erschöpfung zurückzuführen, dazu kamen schmerzstillende Mittel und Champagner. Cobain sei zwar noch nicht wieder erwacht, teilten seine Ärzte mit, aber er zeige deutliche Lebenszeichen.« Später fügte Billig hinzu: »Die Lebenszeichen kehren zurück, und er hat die Augen geöffnet. Ich weiß nicht, ob er schon wieder verständlich sprechen kann, aber er bewegt die Hände. Seine Frau – die Sängerin Courtney Love – und seine achtzehn Monate alte Tochter Frances Bean sind bei ihm.«

Doch die Story wies immer noch Lücken auf, Lücken, von denen so mancher Reporter glaubte, sie in Seattle füllen zu können. Ein ›Insider‹ [bei *People*] nahm Kontakt mit *The Rocket* auf, der privaten Musikzeitschrift für Seattle, und setzte die Leute dort davon in Kenntnis, daß die

Redakteure bereits dabei seien, das Terrain abzustecken: »Wenn er stirbt, ist es die Titelseite, wenn er im Koma bleibt, sind es drei Seiten, und sollte er bald wieder auf den Beinen sein, reicht eine halbe Seite.«

Kurt war noch nicht einmal wieder bei Bewußtsein, als dieses Gespräch stattfand. »Es ist doch schön zu wissen«, meinte Johnny Renton von *The Rocket* lakonisch, »wie die Presse ihre Standards von Anteilnahme setzt, oder?«

Doch mit solchem Sarkasmus reagierten diesmal viele Leute. Wieder mal ein falscher Alarm, alles wie gehabt.

Weil man wußte, daß Cobain ein Heroinproblem hatte, gingen Reporter und Fans überall auf der Welt lieber davon aus, daß hier eine Überdosis verheimlicht werden sollte, statt sich den Kopf über einen Selbstmordversuch zu zerbrechen.

Später stellte sich heraus, daß Rom nur ein Aufschub war – zudem ein ungewollter. Ein Brief an Courtney beweist, daß Kurt sich schon dort töten wollte.

Nach der Rückkehr von seinem italienischen Desaster brauchte Kurt nicht lange, um den Weg zurück in den Drogenuntergrund von Seattle zu finden. Schließlich hatte er auch nicht weit zu suchen.

Heroin in Seattle, sagt Courtney, das sei »wie Äpfel in einem Obstgarten. Es fällt einfach von den … Bäumen.« Verblüfft darüber, was für ein Kinderspiel es ist, sich in dieser Stadt mit dem Stoff zu versorgen, fuhr sie fort: »Die Polizei von Seattle tut nichts dagegen. Ich habe die Cops gefragt, ob es ihnen nicht peinlich ist zu hören, daß Seattle für Grunge, Cappuccino und Heroin berühmt ist.«

Chris Novoselic, Nirvanas Zwei-Meter-Mann am Baß, schlug unverzüglich zurück – sicher, Kurt war Courtneys Ehemann, aber er war auch sein Freund, und Chris war davon überzeugt, daß Drogen nur ein Teil der Geschichte waren, und nicht einmal der wichtigste.

»Nur dem Stoff die Schuld [an Kurts Tod] zu geben ist

Blödsinn. Die Leute nehmen seit hundert Jahren Stoff. Man kriegt das Zeug in jeder Stadt. Stoff war nur ein Teil seines Lebens.« Nein. Antworten hatte er noch keine ... aber die anderen auch nicht.

Oder vielleicht doch? Seattle mag einmal für die lebenswerteste Staat Amerikas gehalten worden sein, aber viele Leute meinen, daß es auch die tödlichste ist. Zwei der berühmtesten Serienkiller Amerikas, Ted Bundy und der Green-River-Mörder, trieben ihr Unwesen in der unmittelbaren Umgebung der Stadt, und schon vorher war Seattle für seine Dunkelheit bekannt gewesen, eine dichte, spirituelle Dunkelheit, die jeden einhüllte, der mit ihr in Berührung kam. Es war sicher kein Zufall, daß dem Regisseur David Lynch der Nordwesten eingefallen ist, als er darüber nachdachte, in welcher Gegend er die Gestalten seiner Kultserie TWIN PEAKS ansiedeln sollte.

Und wenn Rock'n'Roll-Touristen zum erstenmal in die Stadt kommen, dann ist es viel eher der Hauch des Todes und nicht des Lebens, der durch ihre Reisepläne geistert. Es spielt dabei kaum eine Rolle, daß diese Stadt die Rock'n'Roll-Sensibilitäten Amerikas fest im Griff zu haben scheint. Denn eigentlich hat Seattle in Anbetracht solcher Bemühungen herzlich wenig vorzuweisen.

Sicher, es gibt den Sub Pop Shop, ein paar Türen neben dem Moore Theatre, wo man Souvenirs der Plattenfirma erwerben kann, die den Geschmack einer ganzen Nation geprägt und die Doc Martin Millionen eingebracht hat; es gibt das Edgewater Inn, wo Led Zeppelin angeblich einen Rotschopf mit einem Sandhai unterhalten haben sollen; und dann gibt es noch Sand Point Way, wo die Skulptur ›Sound Garden‹ des Bildhauers Doug Hollis steht und den Wind anheult.

Aber es gibt kein Whiskey a-Go-Go mit einer dreißigjährigen Vergangenheit, kein CBGB's, die Geburtsstätte des Punk, und weder eine Route 66 noch eine Route 128.

Mit anderen Worten: Während es in Seattle von Fußnoten zum Rock'n'Roll nur so wimmelt, wurden nur wenige Kapitelüberschriften geschrieben. Schlußkapitel dagegen wurden mehrere geschrieben.

In Renton, an der südlichen Stadtgrenze, ruhen im Greenwood Memorial Park die sterblichen Überreste von Jimi Hendrix, dem Gitarristen, der das Gesicht der modernen Rockmusik verändert hat. An der First Avenue, im Zentrum der Stadt, wurde die Mauer vor dem Vogue den Grafittis und der Seele des Andrew Wood überlassen, dem Sänger von Mother Love Bone.

Stefanie Sargent, Gitarristin von 7 Year Bitch, starb 1992 in Seattle, genauso wie Mia Zapata von den Gits, die keine zwölf Monate später auf bestialische Weise ermordet wurde. Die Dunkelheit, die auch TWIN PEAKS inspirierte und die den Nordwesten so sehr durchdringt, daß sogar die Einheimischen, die doch daran gewöhnt sein sollten, widerstrebend den Spruch vom ›Northwest noir‹ übernommen haben, diese Dunkelheit übt eine besondere Anziehungskraft auf den Rock'n'Roll aus, und obwohl diese Toten nichts miteinander zu tun hatten, waren sie durch die Seele dieser Stadt miteinander verbunden.

Und jetzt gibt es eine neue Sehenswürdigkeit für die morbiden Stadtrundfahrten, etwas zurückversetzt von der Straße, eingehüllt in einen Kokon aus grünem Laub, hinter einer niedrigen Mauer, auf der ein undurchdringliches Buschwerk wächst, so isoliert, wie nur eine Millionen-Dollar-Villa es sein kann: Lake Washington Boulevard 171, ein Haus, das die Cobains erst vier Monate zuvor erworben hatten und in dem Kurts Leben ein Ende fand.

Kurt machte nie einen Hehl daraus, daß er Drogen nahm, auch wenn seine Freunde steif und fest behaupteten, daß er ebensooft ›clean‹ wie ›drauf‹ war. Der Stoff war für ihn mehr Medikament als Vergnügen. In seinem verzweifelten Kampf gegen die ständigen Magenschmerzen war Heroin die einzige Droge, die ihn nicht nur von den physischen Schmerzen befreite, sondern ihm auch die seelischen Ängste nehmen konnte, unter denen er litt.

Im Laufe der Jahre ist der Begriff ›renitenter Superstar‹ so sehr überstrapaziert worden, daß er heutzutage sprachliches Allgemeingut ist. Man braucht bloß ein paar Fotografen zu beschimpfen oder zu spät zu einem Interview zu kommen, und schon wird es in alle Welt hinausposaunt. Der Begriff hat gerade in den letzten zehn Jahren an Beliebtheit gewonnen, um so mehr, als das Showbusiness in eben diesem Zeitraum verzweifelt versucht hat, sich selbst zu entmystifizieren.

›Stars‹ sind keine unberührbaren Gottheiten mehr, die vom Olymp herabsteigen, um einem demütigen und servilen Publikum ihre Segnungen zuteil werden zu lassen. Heutzutage sind sie Menschen wie du und ich, mit Alltagsproblemen und Zahnschmerzen, wie wir sie haben, und die Exzesse der Superstars, die wir einst zu ertragen hatten, der Alkohol- und Drogenmißbrauch, die vielfachen Eheschließungen, das sind heute keine Exzesse mehr. Heutzutage gelten diese Dinge als Charakterschwächen, und von uns erwartet man, daß wir unseren Idolen aufmunternd auf die Schultern klopfen, statt ihnen zu Füßen zu liegen. »Ach, wie hart muß das für dich sein, und wie unglücklich wäre ich an deiner Stelle«, denn eigentlich sollten Idole nicht entmystifiziert, sondern auf geheiligten Altären aufbewahrt werden, wo sie funkeln und leuchten können.

Die Auflagen der Boulevardblätter mögen dem widersprechen, aber sicher nicht die Psychologie, die dahinter steht. Die Leute *brauchen* Berühmtheiten, zu denen sie aufsehen können, und auch wenn sie deren Probleme gierig verschlingen, von Belang sind sie nur, weil es die Probleme von Berühmtheiten sind. Befreit man die Superstars vom kosmischen Staub, was bleibt dann übrig? Mrs.

Higgins vom Ende der Straße, die über ihre Hühneraugen jammert; Mr. Potter, der an der Bushaltestelle auf den Regen schimpft. Erinnere dich daran, was deine Eltern gesagt haben, als du die neueste Platte von den Sex Pistols aufgelegt hast: »Sie schreiben nicht mehr über sie wie früher.« Und wenn du dir dann in ein paar Jahren die Bands ansiehst, die deine Kinder hören: »Sie *machen* sie auch nicht mehr so, wie's früher üblich war.«

Kurt Cobain ist ganz sicher nicht so »*gemacht* worden, wie's früher üblich war«, obwohl er auf dem Papier alles mitbrachte. In den kurzen drei Jahren, seit Nirvana aus dem Nichts emporgeschossen war (in einem weiteren Sinn aus dem Nichts, auch wenn sie vorher schon fünf Jahre zusammen gespielt hatten), wurde Kurt Cobain mit den meisten, wenn nicht mit allen Megastars der Rockmusik verglichen.

John Lennon? Wer sonst hat Songs geschrieben, die bis an die Schmerzgrenze persönlich waren?

Elvis Presley? Wer sonst hatte eine derart elektrisierende Wirkung auf einen bereits totgesagten Markt?

Johnny Rotten? Dito, aber Kurt hatte zusätzlich diese Knuddligkeit, die sich besonders gut vermarkten ließ. Sein stahlblauer, durchdringender Blick spießte einen auf, aber wenn man dann näherkam und seiner leisen, warmen Stimme zuhörte, die so ernsthaft klingen und im nächsten Moment in kindisches Gekicher ausbrechen konnte, dann fiel es einem schwer, von diesem Kurt Cobain wegzugehen und nicht davon überzeugt zu sein, seinem besten Freund gegenübergestanden zu haben. Was machte es da schon aus, wenn er dich beim nächsten Mal ignorierte? Das erste Mal hatte dir gehört, und das konnte dir niemand mehr nehmen.

Und als dann die Nachricht von seinem Tod kam, da traf es einen um so härter, weil es jetzt keine Gelegenheit mehr geben würde, diesen Moment zu wiederholen, nicht einmal in Gedanken, denn die Einzelheiten, die noch nicht in den Revolverblättern breitgewalzt worden waren, spukten einem durch die Tagträume; der gräßliche Matsch etwa, den die Schrotflinte aus seinem Kopf gemacht haben mußte, oder der Geisteszutand, der ihn zu dieser Tat getrieben hatte. Ein renitenter Superstar? Kurt Cobain konnte zuweilen ein renitenter Mensch sein. Sein Ruhm war nicht mehr als der mit Arsen durchsetzte Zuckerguß auf einer vergammelten Torte.

In dem Brief, der neben seiner Leiche gefunden wurde, gestand Kurt: »Seit so vielen Jahren habe ich die Erregung nicht mehr verspürt, die einen erfaßt, wenn man Musik kreiert, wenn man wirklich etwas schreibt.« Seine Erregung pflegte in Schüben hervorzubrechen – in der Woche, bevor Nirvana 1992 im New Music Seminar in New York nach drei Monaten Pause den ersten Gig spielten sollte, konnte Kurt es vor Begeisterung kaum erwarten, seinen kurzen akustischen Set vorzustellen. Er hatte die Songs beieinander, und es war nicht bloß kreischender Punkrock. »Ich glaube, die Leute werden sich wundern.«

Statt dessen waren sie entsetzt. Vier Songs, an das Ende eines mörderisch schnellen Gigs im schweißgetränkten Roseland angeheftet, und die Menge buhte wie seinerzeit bei Dylan in Newport. »Spielt endlich Rock'n'Roll!« Später waren die Leute zurückhaltender in ihrer Kritik, und als Nirvana dem Sender MTV eine ganze Stunde dieses Materials servierte, waren manche Fans der Meinung, daß Nirvana das nächste Album unbeirrt nach diesem Muster konzipieren sollte. Doch da hatte Kurt das Interesse vielleicht schon verloren. Er war jetzt ein Rock'n'Roller. Würde man ihm jemals erlauben, etwas anderes zu sein? In diesem Leben nicht mehr.

Kurt, der zwischen den Anforderungen seiner eigenen Karriere hoffnungslos hin- und hergetrieben wurde, streckte zuweilen hilfesuchend die Hand aus, aber niemand griff danach. Anfang März, während der Vorbereitungen zum letzten Konzert seines Lebens, rief Cobain aus Deutschland seinen Cousin an. Aus keinem bestimmten Grund, einfach nur, um ein bißchen zu reden. Doch während des Gesprächs fiel eine Bemerkung, die Art im Gedächtnis geblieben ist. »Er sagte mir, daß er von diesem Leben die Schnauze voll hatte«, berichtete Art dem Magazin *People.* Und dann wieder dieser Satz: »Ich glaube, er hat mir seine Hand entgegenstrecken wollen.« Unglücklicherweise war Art kein besserer Trost eingefallen, als Kurt zu einem bevorstehenden Familientreffen einzuladen. Er hatte seinen Cousin seit den Tagen der Kindheit nicht mehr gesehen – und er sollte ihn niemals wiedersehen.

Kurts letzte Worte, der letzte Brief, den er in seiner sorgfältigen Kinderschrift zu Papier brachte, war an seine Familie adressiert, aber gerichtet war er an die ganze Welt.

»Manchmal sollte ich eine Stechuhr haben, bevor ich auf die Bühne klettere«, schrieb Kurt. Er versicherte, »alles versucht zu haben, um wieder Spaß daran zu finden ... aber es reichte eben nicht aus.« Und dann bekannte Kurt, er sei wohl »zu sensibel«, denn er müsse »schon leicht benebelt sein, damit ich diese Erregung wieder spüre, die ich als Kind hatte ...«

Er konnte sich kein schlimmeres Verbrechen vorstellen, »als die Leute zu täuschen, indem ich ihnen was vormache, ihnen vorspiele, ich hätte einhundert Prozent Spaß bei der Sache.«

Seine Frau, Courtney Love, antwortete ihm auf einer Gedächtnisveranstaltung. Ihre Stimme zitterte vor Erregung, aber aus ihr sprach die Entschlossenheit, den Tausenden von Fans, die sich versammelt hatten, seine Message zu überbringen. »Nein, Kurt, das schlimmste Verbrechen ist es, wenn du weiterhin ein Rockstar sein willst, obwohl du die Schnauze voll davon hast. Mach verdammt noch mal Schluß damit!«

Das war die Message hinter einem Treffen von Freunden, Familienangehörigen und Mitgliedern der Band, das Courtney ein paar Wochen nach ihrer Rückkehr nach Seattle einberufen hatte, nur wenige Tage nachdem Kurt sich in einem Badezimmer des gemeinsamen Hauses verbarrikadiert und damit gedroht hatte, sich umzubringen – und diesmal richtig. Er hatte eine Kanone bei sich.

Courtney rannte zum Telefon und wählte 911, den Notruf, aber als die Polizei eintraf, hatte die Krise sich offensichtlich in Wohlgefallen aufgelöst. Kurt war zwar noch im Badezimmer, aber er beteuerte, sich nicht mehr umbringen zu wollen – er wolle sich nur noch vor seiner Frau verstecken.

Nachdem sie mit Courtney geredet hatten, waren die Cops überzeugt, aber sie verließen das Haus nicht mit leeren Händen – sie nahmen einen 38er-Taurus-Revolver, eine 380er-Taurus-Handfeuerwaffe, eine halbautomatische Beretta 380 und ein halbautomatisches Colt-AR-15-Gewehr mit. Einige der Schußwaffen waren den Cobains nach einer Auseinandersetzung im vorigen Sommer gerade erst zurückgegeben worden – ein bemerkenswertes Arsenal für einen Mann, der auf seinen Platten keinen Hehl aus seiner Abneigung gegen Schußwaffen gemacht hatte.

»Ich glaube nicht daran«, hatte er 1991 *Alternative Press* mitgeteilt, »aber ... trotzdem haben die Leute ein Recht darauf, sie zu besitzen.« Die Journalistin Susan Rees berichtete, daß auf dem Album NEVERMIND mindestens »in drei Songs die Rede von Schußwaffen« sei.

Das war am Freitag, dem 18. März; an diesem Wochenende führten Courtney und Nirvana-Bassist Chris Novoselic die Delegation von Freunden und Familienmitgliedern an, die sich mit Kurt wegen seines fortgesetzten Drogenkonsums auseinandersetzen und ihm eine simple Botschaft überbringen wollte – reiß dich zusammen oder steig aus! Tammi Blevins, die Sprecherin von Gold Mountain, erklärte: »Die Leute in seiner Nähe wollten ihn unbedingt von der Droge wegbringen.«

Steve Chatoff, der Leiter von Steps, einer Rehabilitations-Einrichtung für Drogenabhängige im Norden von Los Angeles, sollte eine Intervention in die Wege leiten – wäre alles nach Plan verlaufen, dann hätte er zusammen mit Kurt die Rückreise nach Kalifornien angetreten. Aber es kam nicht dazu. Jemand informierte Kurt über das Vorhaben und das Treffen mußte abgesagt werden.

»Danach brauchte ich es gar nicht mehr zu versuchen«, erzählte Chatoff der Presse. »Man … braucht den Moment der Überraschung, wenn man eine Ablehnung durchbrechen will.« Und ein anderes Familienmitglied berichtete Robert Hilburn von der *Los Angeles Times*: »Es ist kaum zu glauben, wie hartnäckig Kurt sein Drogenproblem verleugnet.«

Trotzdem gingen die Bemühungen weiter. Nur eine Woche später kam es in Kurts und Courtneys Villa im exklusiven Vorort Madrona zu einem zwanglosen Treffen jener Leute, die Kurt am nächsten standen. Man wollte sich einfach nur zusammensetzen und ein bißchen reden … Courtney und Chris; Danny Goldberg, der heute Chef von Atlantic Records ist; Pat Smear, der Gitarrist, der seit dem Herbst hin und wieder mit Nirvana gearbeitet hatte und Dylan Carlson, einer von Kurts engsten Freunden …

»Ich hab zu ihm gesagt: ›Du mußt ein guter Daddy sein‹«, berichtete Courtney später. »›Wir müssen gute Eltern sein.‹«

Aber Kurt war völlig desinteressiert. Er saß eine Weile lang bei ihnen herum, scheinbar still ergeben, ließ den Blick von einem Gesicht zum anderen und dann wieder zu seinen Füßen wandern; aber das alles interessierte ihn nicht die Bohne, nicht einmal, als man ihm mitteilte, daß Gold Mountain beabsichtige, ihn auszusieben, falls er die

Finger nicht von den Drogen lasse. Irgendwann sagte er zu Smear, es sei jetzt Zeit, wieder an die Arbeit zu gehen und stieg hinunter in den Keller, um einen neuen Song zu proben.

Am 25. März verließ Courtney Seattle und stieg im Peninsula Hotel in Beverly Hills ab, dem Hauptquartier, von dem aus sie dem neuen Album von Hole, ihrer eigenen Band, Starthilfe geben wollte. Ironischerweise trug es den Titel LIVE THROUGH THIS.*

Die ständigen Diffamierungen, der Erfolg von Hole sei ausschließlich Courtneys Ehemann und nicht ihrem Talent zu verdanken, hatte die Gruppe längst durchgestanden. Auch wenn sie inzwischen das Plattenlabel (Geffen) und die Managementfirma mit Nirvana teilten, hatte Hole schon vorher regelmäßig gute Songs abgeliefert, zuerst auf PRETTY ON THE INSIDE (1991) für Caroline Records – und das war vor ihrer Verbindung mit Kurt. Später hatte sie auf einer Tournee mit den Lemonheads unglaublichen Beifall eingeheimst und schließlich noch ein Album vorgelegt, das unter so ziemlich allen anderen Umständen direkt zum Klassiker aufgestiegen wäre.

Aber auch so war es nahe dran – schrieb jedenfalls das Magazin *Spin*, als es Courtney Love im Zusammenhang mit Kurts Tod einen Artikel widmete. »Junkie, Groupie-Queen, Ex-Stripperin – Courtney Love steckte die Schläge ein und ging trotzdem ihren eigenen Weg. Jetzt hat Courtney mit dem besten Album des Jahres '94 unsere Liebe gerechtfertigt.«

Selbst als sie den Weg für eine Entziehungskur ebnete, als sie sich auf den Ansturm vorbereitete, dem sie in London – dem nächsten Anlaufhafen der Gruppe Hole – unweigerlich ausgesetzt sein würde, waren Courtneys

* Trotz des ›Live‹ im Titel handelt es sich um ein Studio-Album. *Anm. d. Red.*

Gedanken woanders: Sie hatte Kurt in Seattle zurückgelassen, nicht aus freien Stücken, sondern weil es nicht anders ging. Er konnte störrisch wie ein Maultier sein, wenn er sich auf etwas versteift hatte, und ihre einzige Hoffnung bestand darin, daß es ihr oder irgend jemand anderem gelingen würde, seinen Widerstand zu brechen. Sie telefonierte von L. A. aus jeden Tag mit ihm, bat ihn, zu ihr zu kommen und sich mit ihr eine Rehabilitations-Klinik anzusehen, von der sie Wunderdinge gehört hatte, dem Exodus Recovery Center in Marina Del Rey.

Schließlich gab Kurt nach. Er würde am 28. März bei ihr sein und sich mal ansehen, was in dieser Klinik so lief. Ein paar Tage später sagte Courtney zu einem Freund: »Ich war so stolz auf ihn.«

Am Tag bevor er nach L. A. aufbrach, sendete Kurt offensichtlich eine längere Botschaft über das Internet-Computer-Netzwerk ab. Das meiste, was er bei dieser Gelegenheit von sich gab, war belangloses Zeug (»Das ist also der Informations-Highway, über den unser illustrer Vizepräsident die ganze Nation vollgequasselt hat?«), aber es waren auch ein paar interessante Neuigkeiten dabei, die seine Pläne für Nirvanas nähere Zukunft betrafen – eine ›aufpolierte‹ Version des Songs »Penny Royal Tea« vom letzten Album wollten sie einspielen und gleich als Single herausbringen, und das ›ruhigere, stimmungsvollere‹ Album fertigstellen, mit dem sie schon im letzten Herbst begonnen hatten.

»Wenn ihr wieder das alte Strophe-Refrain-Strophe-Muster erwartet … bleiben euch zwei Möglichkeiten. Laßt die Finger von unserem neuen Album oder gewöhnt euch an die Tatsache, daß die Band sich verändert.«

Zu seiner jüngsten Krise machte er nur eine Bemerkung: »Ich bin noch ein bißchen am Flippen wegen der Sache in Rom und brauch 'n bißchen Ruhe, um darüber hinwegzukommen. Da denkt man, die könnten einen guten Milkshake machen, und dann das.«

Es war nicht nur Kurts Gesundheit, die Courtney Sorgen machte, auch wenn das allein völlig ausgereicht hätte. Das Paar hatte sich immer noch nicht von seiner Auseinandersetzung mit den Fürsorgebehörden des Staates Kalifornien erholt, die achtzehn Monate zurücklagen und durch einen Artikel in *Vanity Fair* ausgelöst worden waren, in dem behauptet wurde, Courtney habe ihre eigene Heroinsucht aufrechterhalten, während sie mit ihrer Tochter Frances Bean schwanger ging.

Die Krise war durchgestanden, aber sie wurde immer wieder aufgewärmt – selbst *Spin* hatte sie Anfang des Jahres bei einem Interview mit Courtney wieder hochgekocht.

»Also, wie steht's mit den aktuellen Beschuldigungen?« hatte damals Dennis Cooper sie gefragt.

»Nicht schuldig«, lautete Courtneys Antwort. »Hat sich das nicht rumgesprochen?« Fast genau ein Jahr zuvor, am 23. März 1993, waren die Cobains, nachdem sie sich drei Monate lang Urintests und den Kontrollbesuchen von Sozialarbeitern hatten unterziehen müssen, von den Behörden informiert worden, daß wegen Frances keine weiteren Schritte gegen sie unternommen würden.

Aber Courtney wußte nur zu gut, daß es nicht nur um ihr Verhalten während der Schwangerschaft ging, sondern daß man sie und Kurt auch in Zukunft genau im Auge behalten würde. Zu den Drohungen, die sie ihrem Ehemann an den Kopf warf, als sie ihn zu einem Entzug überreden wollte, gehörte auch ein düsteres Szenario dessen, was passieren könnte, wenn sein wirklicher Zustand der Öffentlichkeit jemals bekannt würde. »Wenn wir Frances verlieren …«

Als Kurt endlich in der Klinik war, atmeten alle auf. Er würde wieder auf die Beine kommen. Doch zwei Tage später brach Courtneys mühsam gekittete Welt wieder auseinander.

Über die Zeit, die Kurt Cobain in der Klinik verbrachte, gibt es keine Berichte – was natürlich nicht verwunderlich ist. Über eine Woche, nachdem er »über den Zaun geklettert« war, wie Courtney es ausdrückte, mußte das Daniel Freeman Hospital, dem das Exodus Recovery Center angegliedert ist, noch immer bestätigen, daß Cobain als Patient dort war.

Aber es war wohl auch gar nicht so entscheidend, was dort passierte, welcher Behandlung man ihn dort unterzog. Kurt schien sich in Luft aufgelöst zu haben. Selbst Courtney tappte im Dunkeln. »Ich hatte keine Ahnung, wo er war. So ganz und gar war er noch nie untergetaucht. Er hatte mich immer angerufen.«

Doch so blieb ihr nur sein letzter Anruf, kurz bevor er verschwand. »Egal, was passiert, du sollst wissen, daß du eine phantastische Platte gemacht hast.«

Sie wollte von ihm wissen, wie es seiner Meinung nach weitergehen sollte. Aber er gab ihr keine Antwort darauf. »Vergiß nicht, was auch immer passiert, ich liebe dich.«

Aus dem Umkreis der Band war zu erfahren, daß Courtney und Geffen Records sich am 3. April darauf einigten, Kurt durch Privatdetektive suchen zu lassen. Sie waren fest davon überzeugt, daß er nach Seattle zurückkehren würde.

Tatsächlich war Kurt schon längst dort. Er war am Mittwoch, dem 30. März, in Seattle eingetroffen, noch am Tag seiner Flucht aus der Rehabilitations-Klinik, und hatte Kontakt mit seinem alten Freund Dylan Carlson aufgenommen, dem Gitarristen der Band Earth, der zwei Jahre zuvor bei seiner Eheschließung mit Courtney den Trauzeugen gemacht hatte. Kurt bat Dylan, mit ihm eine Schrotflinte kaufen zu gehen. »Er sagte, daß er sie zu seinem Schutz haben wollte«, erklärte Dylan später, und das war ihm ganz plausibel vorgekommen.

Kurt wollte, daß Dylan die Waffe kaufte. Er hatte Angst, sagte Dylan, daß die Polizei einfach vorbeikommen und sie beschlagnahmen würde, wenn er sie auf seinen eigenen Namen kaufte. Kurt und die Polizei von Seattle hatten in dieser Hinsicht schon mehrmals miteinander zu tun gehabt, das wußte auch Dylan – die 380er-Taurus, die sie ein paar Wochen zuvor beschlagnahmt hatten, war auf Carlsons Namen eingetragen gewesen. Sie gehörte auch zu den Waffen, die im Juni des Vorjahres vorübergehend sichergestellt worden waren.

Die beiden zogen los zu Stan Baker's Gun Shop am Lake City Way. Baker erinnerte sich später daran, daß er sich gefragt hatte, was diese jungen Typen wohl mit einer Schrotflinte anfangen wollten. Es war ja nicht einmal Jagdsaison. Aber letztlich war es nicht sein Bier gewesen. Dylan kaufte die Waffe, eine Remington-Schrotflinte, Modell 11, Kaliber 20, und die beiden verließen den Laden. Später bot Dylan seinem Freund an, die Waffe in seiner Wohnung aufzubewahren. Kurt lehnte ab. An diesem Tag sahen sie sich zum letztenmal.

Wohin Kurt von dort aus ging, wird wohl nie mehr genau geklärt werden können. Später an jenem Mittwoch war er in einem Waffengeschäft in der City, um sich noch eine zweite Schachtel Munition zu kaufen. Er verbrachte noch mindestens eine weitere Nacht in einem Anwesen, das er und Courtney ein Jahr zuvor erstanden hatten, etwas nördlich von Carnation, einer Gemeinde vierzig Meilen nordöstlich von Seattle. Courtney erzählte der Zeitung *Post Intelligencer* in Seattle, daß es so ausgesehen habe, als sei er nicht allein dort gewesen. Zusammengeknautscht neben dem Kamin des noch im Bau befindlichen zweistöckigen Hauses hatte ein blauer Schlafsack gelegen, den sie noch nie zuvor gesehen hatte. Ein von Kippen überquellender Aschenbecher hatte in der Nähe gestanden – einige davon erkannte sie als Kurts Marke, aber die anderen hatte sie auch noch nie gesehen.

Am Montag, einen Tag nachdem die Privatdetektive engagiert worden waren, wurde Courtney von Robert Hillburn von der *L. A. Times* interviewt. Sie erzählte von dem entsetzlichen Schrecken, den sie bekommen hatte, als sie Kurt in dem römischen Hotelzimmer auf dem Boden ausgestreckt gefunden hatte – das Gesicht blau angelaufen und regungslos. »Ich will ihn … nie wieder so sehen. Ich hatte immer geglaubt, harte Zeiten mit ihm durchgemacht zu haben, aber das war das Härteste von allem.«

Es war das letzte offizielle Interview, das sie gab. Ab Nachmittag wurde allen Anrufern von der Telefonzentrale des Hotels mitgeteilt, daß ihr Zimmer keinerlei Anrufe mehr entgegennehme. Ein Interview mit dem *Rocket* aus Seattle wurde ohne Vorwarnung abgesagt, auch wenn Hole-Gitarrist Eric Erlandson lapidar erklärte, Courtney fühle sich nicht wohl. Er versprach, für den Abend einen neuen Interviewtermin zu vereinbaren. Er hielt sein Versprechen nicht.

Tatsächlich hielt Courtney sich wahrscheinlich gar nicht mehr im Hotel auf. Statt dessen kämmte sie die Straßen von Los Angeles durch – auf der Suche nach ihrem Mann.

Zuhause leitete Cobains Mutter Wendy O'Connor ihrerseits eine Suche nach ihrem Sohn ein, indem sie am Montag bei der Polizei von Seattle eine Vermißtenanzeige aufgab. Ihr war zu Ohren gekommen, daß ihr Sohn sich eine Schrotflinte besorgt hatte; in ihrem Bericht beschrieb sie ihn als bewaffnet und selbstmordgefährdet. Seltsamerweise wurde er von niemandem als gefährlich eingeschätzt.

Unten in L. A. gab Courtney ähnlichen Befürchtungen Ausdruck. »Ich habe jetzt wirklich Angst um ihn«, sagte sie zu einem Freund.

In den folgenden Tagen stattete die Polizei der Villa der Cobains in Madrona mehrere Besuche ab. Kein Anzeichen für Leben im Haus. Sie überprüften auch eine Adresse auf dem Capitol Hill in Seattle. Die O'Connor hatte behauptet, ihr Sohn habe sich dort mit Rauschgift versorgt. Aber auch dort war nichts zu finden.

Courtney blieb in L. A., hin- und hergerissen zwischen ihrem eigenen Empfinden und dem Rat besonnener Freunde. Jede instinktive Regung ihres Körpers forderte sie auf, nach Seattle zurückzukehren und sich an der Suche nach Kurt zu beteiligen. Aber die anderen – bekannte sie später – rieten ihr einfach abzuwarten.

Sie wußten genausogut wie Courtney, wie unberechenbar Kurt werden konnte, wenn er sich etwas in den Kopf gesetzt hatte und man etwas anderes von ihm verlangte. Man durfte auf keinen Fall riskieren, daß er aus reiner Starrköpfigkeit etwas Unüberlegtes tat. »Ich habe auf zu viele Leute gehört«, sagt Courtney. »Für den Rest meines Lebens werde ich nur noch auf mich selber hören.«

Zu der Zeit waren ihr die Ratschläge jedoch vernünftig erschienen. Die Privatdetektive hatten offensichtlich ein paar Fortschritte bei ihrer Suche nach Kurt gemacht – es war zum Kontakt gekommen, aber Kurt wollte sich nicht zurück nach L. A. bringen lassen. Statt dessen nahm er wieder Reißaus.

Er blieb jedoch in Sichtweite, und während man den Gedanken, Kurt in Gewahrsam zu nehmen, widerwillig von der Tagesordnung strich, wurde ein Freund damit beauftragt, ihn im Auge zu behalten.

Ebenfalls an diesem Montag will ein Insider der Musikbranche Kurt zufällig begegnet sein und ihn beschworen haben, zurück in die Klinik zu gehen. Cobain habe sich geweigert. Andere Leute behaupten, ihn auf der Suche nach Drogendealern gesehen zu haben.

Es gab sogar ein Gerücht, das eine Woche später in der

L. A. Times veröffentlicht wurde und besagte, er habe einen Freund angerufen und ihn über den Kauf der Schrotflinte informiert. Und nun habe er von dem Freund wissen wollen, wie man sich mit so einem Ding am besten in den Kopf schießt. Über die Antwort des Freundes scheint nichts bekannt zu sein.

Am Dienstag war die Spannung im Lager von Nirvana deutlich spürbar, auch wenn der genaue Stand der Dinge streng geheimgehalten wurde – eine Entscheidung, die vielleicht klug war, vielleicht aber auch nicht. Es läßt sich leicht sagen, daß es ihn nur noch tiefer in den Untergrund getrieben hätte, wenn er um die Menschenjagd gewußt hätte, die auf ihn veranstaltet wurde. Genausogut ist es möglich, daß die Chancen, ihn zu finden, gestiegen wären, wenn mehr Menschen Bescheid gewußt hätten.

Die einzige Nachricht, die durchsickerte, betraf die Nachwirkungen der unglücklichen Drogenintervention. Gerüchte wollten wissen, daß Gold Mountain die Band tatsächlich aus der Liste ihrer Klienten gestrichen hatte, und daß Nirvana sich aufgelöst habe – beide Gerüchte erhielten nur zwei Tage später zusätzliche Nahrung, als bekannt wurde, daß entgegen bisheriger Ankündigungen Nirvana nicht als Hauptgruppe der Lollapalooza-Tournee im Sommer auftreten würde.

Als Grund wurden Kurts gesundheitliche Probleme angegeben, aber die Auflösung der Gruppe erschien genauso plausibel, besonders wenn man bedenkt – wie ein paar Leute sogleich spekulierten –, wie leicht es Nirvana gefallen war, zum erstenmal von dem künstlerischen Entscheidungsrecht zurückzutreten, auf das sie beim Vertragsabschluß mit Geffen Records ausdrücklich bestanden hatten.

Auch wenn von ihrem letzten Album IN UTERO in sechs Monaten mehr als zwei Millionen Exemplare verkauft worden waren, gab es keinen Zweifel, daß es sein wirklich potentielles Publikum noch nicht gefunden hatte. Der

Grund? Sogenannte ›Großhändler‹ weigerten sich wegen der künstlerischen Aufmachung des Covers, es gewissen ›Discount-Ketten in der Provinz‹ anzubieten.

In einem Bericht des CD-Branchenblattes *Ice* stand zu lesen, man habe kurzerhand einen kleinen Ausschnitt des Originalcovers – auf welchem eine von Kurts eigenen Fötus-und-Gebärmutter-Phantasien abgebildet war – vergrößert (einen Ausschnitt ohne Fötus), »um daraus das gesamte Rückseiten-Cover zu machen ... [und außerdem] den Songtitel ›Rape Me‹ in ›Waif Me‹ umgeändert«.

Der Bericht fuhr fort, ein leitender Angestellter von Geffen sei »zu der Einschätzung gekommen, daß ein Verkauf des Albums in diesen Ladenketten den gesamten Absatz noch einmal um 10 % erhöhen« würde, es stünden also »mindestens 200 000 Einheiten auf dem Spiel, eine Summe, die den idealistischen Standpunkt eines jeden Künstlers erschüttern« sollte.

Aber Kurt war nicht irgendein Künstler, und wenn man seine Einstellung als idealistisch beschreiben konnte, dann lag das daran, daß seine ganze Persönlichkeit von Idealismus geprägt war. Das war auch der eigentliche Grund für so viele seiner Probleme: Das Gefühl, vielleicht sogar das Wissen darum, daß sich sein Idealismus nur zu häufig nicht in die Welt der anderen übertragen ließ.

Obwohl Geffen und auch Gold Mountain sich beeilten, der Geschichte die Brisanz zu nehmen (»wir wollten Nirvanas künstlerische Vision wirklich nicht verändern«, sagte Janet Billig zu *Ice*, »nur ... ein paar Worte auf dem Papier«), konnten sich nur wenige Beobachter vorstellen, daß Kurt so einfach umkippen und seine künstlerischen Intentionen beschneiden lassen würde. Zumindest hätte das nicht zu seinem ›esprit de punk‹ gepaßt.

Vielleicht hatte das alles gar nichts mit dem plötzlichen Ausbruch hektischer Aktivitäten hinter den Kulissen zu tun. Es war ja nur ein weiteres Eisen im Feuer der Gerüchteküche. Aber es gab der Vermutung Nahrung, Nirvana könnte kurz vor der Auflösung stehen.

Es war übrigens nicht das erste Mal, daß eine Auflösung bevorzustehen schien. Der frühere Nirvana-Schlagzeuger Chad Channing erzählte der Journalistin Jo-Ann Greene aus Seattle, daß Kurt schon seit 1990 immer wieder gedroht hatte, die Gruppe aufzulösen.

»Als wir 1990 in Rom zum letztenmal zusammen spielten, gab es einen Moment... wo wir die Nase so voll hatten, daß wir die Band auflösen wollten. Kurt sah mich nur an und fragte: ›Hey, hast du eigentlich noch Spaß an der Sache?‹«

Diese Worte waren ein frostiges Epitaph – besonders nachdem ein inoffizieller Sprecher eingestehen mußte, daß die Versuche, Kurt im Auge zu behalten, jämmerlich gescheitert waren. Drei Tage später war es schließlich der Elektriker Gary Smith, der ihn entdeckte. Hast du immer noch Spaß an der Sache?

Irgendwann im Laufe des 5. April war Kurt zurück nach Madrona gefahren und hatte sich leise in das graue Haus geschlichen. Wenn es stimmt, was im *Seattle Post Intelligencer* steht, war er high und schwebte auf einer Wolke aus Heroin und Valium, einer Kombination, die seinen persönlichen Schmerz besser als alles andere auslöschen konnte. Das Blatt behauptete, der Anteil von Heroin in seinem Blut habe 1,52 Milligramm/Liter betragen. Dosen von einem Drittel dieser Menge können bereits tödlich sein.

Das Haus war still, leer und dunkel – wie immer, wenn Courtney und Frances nicht da waren. Er schaltete den Fernseher ein. Dann ging er hinüber zur Wohnung der Schwiegermutter über der Garage, in der Michael De-Witt, Frances Beans ehemaliger Babysitter, gewohnt hatte.

Sein Füllfederhalter hielt seine letzten Gedanken mit roter Tinte fest. »Seit Jahren schon spüre ich die Erregung nicht mehr, die es bedeutet, Musik zu hören und zu schaffen und wirklich etwas zu schreiben.« Er hatte deshalb schreckliche Schuldgefühle. Die kreischenden Fans erregten ihn nicht mehr, sagte er, wie sie Freddy Mercury erregt hatten, der aufgetreten war, um zu lieben und die Liebe und Bewunderung der Massen auszukosten. »Das ist etwas, das ich bewundere, das Neid in mir auslöst – die Tatsache, euch nicht betrügen zu können, keinen einzigen von euch. Es ist einfach nicht fair euch gegenüber, mir selbst gegenüber ...«

»In jedem von uns steckt Gutes, und ich liebe die Menschen einfach zu sehr. So sehr, daß es mich verflucht traurig macht. Traurig, klein, sensibel, Fische, Jesus ... Mann.«

»Ich hatte eine gute Ehe, und dafür bin ich dankbar. Aber seit dem Alter von sieben Jahren hasse ich alles Menschliche, nur weil es den Leuten so leicht zu fallen scheint, miteinander auszukommen ... Empathie ... Aus der Tiefe meines rennenden, abscheulichen Bauchs danke ich euch allen für eure Briefe und euer Mitgefühl während der letzten Jahre. Ich bin ein viel zu launischer, unberechenbarer Mensch, und ich habe meine Leidenschaft verloren.«

Dann war ihm eine Zeile aus einem Song von Neil Young in den Sinn gekommen. »Hey Hey, My, My ... it's better to burn out than to fade away.« Er schrieb sie hin. »Also denkt dran, immer noch besser auszubrennen als zu verblassen.«

Dann war er fertig. Er unterschrieb – »Liebe, Frieden und Mitgefühl, Kurt Cobain« – , durchstach den Brief mit der Feder seines Füllfederhalters und steckte ihn in einen Blumentopf. Danach griff er dann wohl zur Schrotflinte.

2

Ein paar Autostunden südwestlich von Seattle, in Aberdeen, hatten die Leute nicht viel Muße, über das nachzudenken, was in der großen Stadt passierte. Die Meilen, die zwischen den beiden Gemeinwesen lagen, hätten sich problemlos in Welten, ja sogar in Galaxien umrechnen lassen. Während Seattle wuchs und zu dem stolzen Ruhm erblühte, Amerikas lebenswerteste Stadt zu sein, klammerte Aberdeen sich immer fester an ein Leben, das von Jahr zu Jahr trostloser wurde.

Die Stadt ist eine Holzfäller- und Fischergemeinde, umringt von den Wäldern, die jahrzehntelanger Raubbau auf ein Minimum reduziert hat, begrenzt von einem Ozean, aus dem der Fischfang mit Schleppnetzen eine ökologische Wüste gemacht hat. Wohnanhängerparks verschandeln die Route 12, die auf ihrem Weg in die Stadt durch eine Fast-Food-Hölle führt, die abgelöst wird von den Wunden der Rezession, verrammelten Häusern, geschlossenen Geschäften und – an jeder Straßenecke – den Hinweisen darauf, wie gefährlich das Leben in einer amerikanischen Kleinstadt sein kann.

An jedem Haus dasselbe Schild am Fenster: »Diese Familie ernährt sich von den Holzdollars«, auf jedem Auto ein Aufkleber, der den Tag verdammt, an dem Gott die gefleckte Schleiereule erschaffen hat. Es liegt eine grauenhafte Ironie darin, wenn eine Kreatur nur durch die Auslöschung einer anderen überleben kann, aber mit dieser Realität war die Bundesregierung hier konfrontiert. Siegte die Eule im Kampf gegen das Abholzen, würden die Leichenbestatter ein wenig näher an die Stadt Aberdeen, Washington, heranrücken. Und das aus gutem Grund. Je weniger Leute Arbeit hatten, desto mehr brachten sich um; Grays Harbor County konnte sich mit einer der höchsten Selbstmordraten in ganz Amerika brüsten.

Auf ihre Art gab Nirvana diesen zerbröckelnden Überresten einer einst so dynamischen Gemeinde etwas von ihrem Stolz zurück. Es spielt dabei keine Rolle, daß auch an dem Tag, als man Kurts Tod entdeckte, nur wenige äußerliche Ereignisse darauf hinwiesen, daß dies ein besonderer Tag war; ebensowenig spielt es eine Rolle, was die Leute in der Stadt für eine Erinnerung an den ›Cobain-Jungen‹ hatten – es entstand trotzdem so ein Gefühl, als sei Nirvana nach Aberdeen zurückgekehrt, zu einem Flecken auf der Landkarte, der in den letzten Jahren immer mehr verblaßt war.

Schon vor Nirvana waren zwei andere Bands aus Aberdeen geflüchtet – The Melvins und Metal Church –, und beide hatten es auf eigene Faust ganz schön weit gebracht, Church hatten inzwischen mehrere Hunderttausend Schallplatten verkauft. Aber keine von ihnen hatte so viel Erfolg gehabt wie Nirvana, keine von ihnen hatte nicht nur die Reporter angezogen, sondern auch die Fans; Autoladungen, ganze Busladungen waren in die Stadt gekommen, um herumzuschnüffeln, zu glotzen und zu schwätzen. Boston hatte seinen Paul Revere, Stratford seinen Shakespeare. Aberdeen hatte Nirvana.

Es schien nicht einmal etwas auszumachen, daß Kurt Cobain und Chris Novoselic die Jahre, die sie in Aberdeen verbrachten, am liebsten aus ihrem Gedächtnis gestrichen hätten, daß sie aus Aberdeens weltfremder, klaustrophobischer Proleten-Atmosphäre bei der ersten sich bietenden Gelegenheit geflüchtet waren. In den Monaten nach Nirvanas nationalem Durchbruch, als die nationale Presse einen breiten Pfad bis mitten hinein ins Herz der Stadt trampelte, wurden die Besucher mit offenen Armen und lockerem Mundwerk empfangen.

Als Patrick McDonald, ein Rock-Kritiker der *Seattle Times*, Anfang 1992 Aberdeen besuchte, schickte man ihn auf die große Stadtrundfahrt durch *Cobainiana* und zeigte ihm alles, von der Brücke, unter der Kurt immer geschlafen hatte, bis zu dem demolierten Verstärker, den er zurückgelassen hatte, als er sich davonmachte. Solche Reliquien schmeckten nach purem Rock'n'Roll – aber in Wirklichkeit waren sie wohl eher Symbole für die Leere eines Teenagerlebens in dieser Stadt. Von Kurts Standpunkt aus schimmerten sogar die funzeligen Lichter der Halbinsel Olympia wie Signalfeuer in einer endlosen Nacht.

Auch wenn er mehr als zwei Drittel seines Lebens dort verbracht hatte, war Kurt Donald Cobain kein gebürtiger Aberdeener. Er wurde im benachbarten Hoquiam geboren, einem Nest, das wohl noch weniger Grund als Aberdeen hat, auf seine Vergangenheit stolz zu sein.

Aberdeen hatte wenigstens eine Eisenbahn, einen eisernen Schienenstrang, der aus dem finsteren Wald herausführte, und bis die Polizei Mitte der fünfziger Jahre den Ladies aufs Dach stieg, gab es hier sogar Bordells – mehr als fünfzig allein in der Innenstadt. Ein Jahrzehnt später war die Stadt sauber, aber der schlechte Ruf lebte fort, nicht als eiternde Wunde, wie ein paar neumodische Schreiberlinge es ausgedrückt haben, sondern als etwas Anheimelndes, ein sanftes, nostalgisches Licht, das einem immer noch helfen konnte, über einsame Nächte hinwegzukommen.

Im Sommer 1967 gingen Donald Cobain und seine Frau, Wendy Fradenburg, mit ihrem sechs Monate alten Sohn aus Hoquiam fort. Kurt war am 20. Februar geboren worden. Drei Jahre später sollte er noch eine Schwester bekommen, Kimberley, aber zunächst war er – in dem gemieteten Haus, wo er seine ersten Monate verbrachte, und später in dem mit einer Hypothek belasteten Haus, in dem seine Mutter noch heute lebt – der Mittelpunkt des Cobainschen Familienuniversums, besonders für Wendy.

Bis zu seinem Tod erinnerte Kurt sich an die Verwunderung, die er verspürte, als er zum erstenmal erfuhr, daß nicht jedes Kind mit einer Mutter aufwächst, die es in die Arme schließt und mit Küssen verabschiedet, wenn es zum Spielen hinausgeht. »Nichts ist so wie dein Erstgeborenes – nichts«, sagte Wendy zu dem Journalisten Michael Azerrad. »Keines deiner Kinder kann jemals diese Bedeutung erreichen. Ich war nur auf ihn fixiert. Jede wache Minute habe ich nur für ihn gelebt.«

Kurts Mutter war mit diesen Gefühlen jedoch nicht allein. Das Kind hatte etwas Unwiderstehliches, eine Dynamik, eine energiegeladene Frühreife, die weder sie noch irgend jemand, den sie kannte, jemals bei einem so kleinen Kind erlebt hatte. Mindestens bei einer Gelegenheit gab Wendy im Gespräch mit der eigenen Mutter zu, daß Kurts Auffassungsgabe ihr beinahe ein bißchen angst machte, und wenn der Junge erregt war – was wohl ziemlich oft der Fall gewesen ist –, konnten sie und Don ihn nur mit Mühe beruhigen.

Um diese Hyperaktivität ein wenig zu bremsen, wurde dem Jungen Ritalin verschrieben, ein Medikament auf Amphetamin-Basis, das sich als wirksame Waffe gegen ungezügelte Energie bei Kindern erwiesen hatte. In Kurts Fall jedoch hatten die Tabletten genau die gegenteilige Wirkung und hielten ihn manchmal bis in die Morgenstunden hinein wach und aktiv.

Die Behandlung wurde abgebrochen, und statt des Amphetamins wurde ein Sedativum gegeben. Jetzt schlief er sogar in der Schule ein. Schließlich machte ein Arzt einen drastischen Vorschlag: Der Zucker sollte ganz aus Kurts Ernährung gestrichen werden. Dieser dritte Versuch war, wie seine erleichterten Eltern feststellen durften, endlich von Erfolg gekrönt.

Die restriktive Ernährung beruhigte Kurt, aber sie machte ihn nicht langsamer. Er war überall gleichzeitig und ließ keine Gelegenheit aus, sich Ärger an den Hals zu schaffen – und wenn er es nicht war, dann war es Boda. Boda, das erklärte Kurt voller Stolz, war sein Freund, ein imaginäres, unbezähmbares Energiebündel. Ganz egal, was in der Umgebung des Hauses zu Bruch ging, welche Untat man Kurt auch nachweisen konnte, er hatte immer eine Antwort parat: »Ich bin's nicht gewesen, es war Boda.«

»Das wurde immer lächerlicher«, erinnerte Wendy sich später, »Boda mußte sogar seinen eigenen Platz am Eßtisch haben!«

Schließlich kam Kurts Onkel Clark auf eine Lösung. Er war Soldat und bat Kurt, Boda mit nach Vietnam nehmen zu dürfen, damit er dort ein wenig Gesellschaft hätte. Kurt sah seinen Onkel nachdenklich an, dann nahm er seine Mutter auf die Seite.

»Boda gibt es nicht wirklich«, flüsterte er ihr zu. »Weiß Onkel Clark das nicht?«

Immer wieder taucht in den Chroniken des Showbusiness das Klischee des ›geborenen Entertainers‹ auf, der sich bereits im kindlichen Alter gezeigt habe. Wendy besteht jedoch darauf, daß es bei Kurt wirklich so war, und sie hat sieben Geschwister, die sich für ihr Wort verbürgen würden – sie machten sogar freiwillig den Babysitter für das Kind, um sich von seinen Mätzchen unterhalten zu lassen.

Kurt konnte gerade erst laufen und sprechen, da schwärmten seine entzückten Onkels und Tanten schon von seinen wunderbaren Talenten, und hatten sie zunächst um das Privileg gewetteifert, von ihm besucht zu werden, so stritten sie sich jetzt darüber, wer von ihnen dem Jungen am ähnlichsten sah.

Wenn man einmal davon ausgeht, daß er ein begnadetes Kleinkind war, und daß der Spaß, den er an der Musik fand, ein deutlicher Hinweis auf größere Talente war, dann liegt die Vermutung nahe, daß Kurt die Qual der Wahl hatte, als es darum ging, sich innerhalb des engeren Familienkreises ein Vorbild zu suchen.

Jeder scheint irgendein Musikinstrument gespielt zu haben – Wendys Bruder Chuck spielte sogar in einer richtigen Rock'n'Roll-Band und fertigte die erste Bandaufnahme des singenden Kurt Cobain an. Kurt war damals vier Jahre alt. Tante Mary war eine Country-Sängerin und hatte in einem der Zimmer des Hauses ihr Aufnahmestudio. Wendy selbst hatte davon geträumt, einmal Schlagzeugerin zu werden. Aber der leuchtende Stern über ihnen allen hieß Delbert Fradenberg. In den frühen vierziger Jahren hatte er Aberdeen in Richtung der Lichterstadt Los Angeles verlassen, hatte sich den eindeutig stilvolleren Namen Dale Arden zugelegt und sogar ein paar Platten aufgenommen. Zweifellos hatten die anderen Mitglieder der Familie Talent. Aber Onkel Delbert war ein richtiger Star gewesen.

Die Musik war Kurts erste Leidenschaft, im Alter von sieben Jahren war die Malerei hinzugekommen. Es gab nur ein Problem: Er malte und zeichnete mit Begeisterung, aber für das, was dabei herauskam, schien er nicht viel übrig zu haben. Als die Schulzeitung dem pausbäckigen Zweitkläßler eine Ehre zukommen ließ, die nur selten einem Schüler unterhalb der fünften Klasse zuteil wurde, den Abdruck einer seiner Zeichnungen auf dem Titelblatt, reagierte Kurt mit Zorn und Entrüstung. Das Bild sei viel zu schlecht, behauptete er – wie hatte die Schule ihn nur so bloßstellen können?

»Seine Einstellung Erwachsenen gegenüber hat sich wegen dieser Sache geändert«, beklagte sich seine Mutter später. Sie sagten ihm, wie gut ihnen seine Malerei gefiel, aber Kurt glaubte ihnen einfach nicht, konnte ihnen nicht glauben, weil er selbst ›niemals mit sich zufrieden‹ war. Kurt hatte schon früh eine kindliche Weisheit entwickelt, und die ermöglichte ihm eine Sensibilität, mit der er seinem Alter weit voraus war.

Seine wachsamen Augen, mit denen er jedem bis auf den Grund der Seele blicken konnte, suchten bem Gegenüber nach Anzeichen von Unaufrichtigkeit; sie funktionierten als eine Art psychisches Radar, das jede Herablassung aufspürte und mit Verachtung zurückzahlte. Wendy mußte zugeben, daß die gesamte Familie ihn mit Unterstützung erdrückte, nachdem sein Talent offensichtlich geworden war – »wir stopften sie ihm in den Hals, bis wir sein Talent … beinahe erstickt hatten.«

Aber war es wirklich diese Aufmerksamkeit, die ihn von seiner Malerei abbrachte, der Druck dieser Vorschußlorbeeren? Oder keimte bereits damals die Gewißheit in seiner Seele auf, daß es das musikalische Talent war, mit dem er es schaffen würde, und nicht die Malerei?

Selbst für einen Siebenjährigen war es schwer genug, nicht irgendwie von der Begeisterung für den Rock'n'Roll ergriffen zu werden. Für einen Siebenjährigen, dessen eigene Familie ihm diese Musik ins Gesicht schleuderte, war es geradezu unmöglich.

Die ersten Schallplatten, die Kurt besaß, waren Geschenke seiner Tante Mary. Mary spielte in einer Country-Band Gitarre. Sie trat regelmäßig in Aberdeener Clubs auf und veröffentlichte sogar eine Platte. Wenn Kurt bei ihr zu Hause war, dann liebte er es, wenn sie ihm die Platte vorspielte, wenn die kleine Scheibe sich mit 45 Umdrehungen pro Minute auf dem Teller drehte und er sich vorstellen konnte, daß es die Stimme seiner Tante war, die er hörte. Mit sieben oder acht Jahren sind Schallplatten immer noch der Stoff, aus dem die Träume sind, ein romantisches Mysterium, in dessen Geheimnis nur die Glücklichsten der Glücklichen jemals eingeweiht werden.

Und was für ein Traum war es erst, mit so jemandem verwandt zu sein.

Von Mary bekam Kurt seine ersten Gitarrenstunden, aber auch wenn der Junge ganz versessen aufs Lernen war und kaum eines seiner Spielzeuge heißer geliebt hat als die kleine Plastikgitarre, so trieb ihn die Disziplin, die ihm selbst die einfachste Lektion abforderte, jeder Ablenkung in die Arme, deren er habhaft werden konnte. Der Unterricht langweilte ihn. Schließlich gab sie es auf und ließ ihn sich vergnügen. Damit hatte er keine Probleme, denn er war ja so ein *glückliches* Kind.

Dem stimmte Kurt später sogar selber zu. Er lächelte bei der Erinnerung an diese Zeit, die ihm jetzt fröhlich und unkompliziert erschien, und sagte: »Ich habe ständig gebrüllt und gesungen. Ich konnte einfach kein Ende finden.« Zuweilen verprügelten ihn seine Schulkameraden, damit er endlich Ruhe gab.

Tante Mary ließ sich etwas anderes einfallen, aber Kurts Eltern wünschten sich noch oft, ihr wäre dieser Einfall niemals gekommen. Alles wäre erträglicher gewesen als die verfluchte Baßtrommel, die sie ihm kaufte.

Kurt schlüpfte in die Tennisschuhe seines Vaters, stülpte sich eine Jagdmütze auf den Kopf, schnallte sich die Trommel vor den Bauch und zog durch das Viertel, trommelnd und scheppernd, und begleitete sich selbst zu den Liedern der Beatles. Das war ebenfalls Tante Marys Werk, die Beatles und die Monkees, und auch wenn Kurt immer noch auf seiner Plastikgitarre herumklampfte und durch sein Zimmer hopste wie die Popstars, die er aus dem Fernsehen kannte, so war es doch die Trommel, die ihn jetzt faszinierte.

Wendy bestärkte ihn in seiner neuesten Leidenschaft, wie sie ihn in seinen anderen auch bestärkt hatte. Als Kurt in die dritte Klasse kam, nahm er Schlagzeugunterricht, und wenn er von den nachmittäglichen Stunden nach

Hause kam, machte er zu Hause für sich allein weiter. Obwohl er niemals lernte, Noten zu lesen, erkannte er sehr schnell, daß seine natürliche Begabung als Musiker von einem großen Talent zur Nachahmung ergänzt wurde. Sobald ein Mitschüler in seiner Klasse ein Musikstück gelernt hatte, machte Kurt es nach und spielte es bald besser als der andere.

Diese heile Welt, die liebevolle Familie, der Haushalt, in dem nichts wirklich Probleme zu bereiten oder zuviel Geld zu kosten schien, das alles brach im Jahre 1975 plötzlich über Kurt zusammen.

Er ist schwer zu sagen, wann die Dinge zwischen Don und Wendy Cobain schiefzulaufen begannen – äußerlich war ihre Ehe, trotz des armseligen Zeugnisses, das Kurt ihr später ausstellte (»Weißer Abschaum, der sich als Mittelschicht gerierte«) ein Modellfall dafür, wie würdevoll das Leben einer Arbeiterfamilie in der Vorstadt sein konnte: ein hübsches, aufpoliertes Haus, das die heruntergekommenen Nachbarhäuser in den Schatten stellte, ein Vater, dessen Lebensunterhalt nicht vom Holz abhängig war (Don arbeitete an der örtlichen Chevron-Tankstelle als Automechaniker), eine vorbildliche Hausfrau und Kinder, die immer sauber und ordentlich in die Schule geschickt wurden.

Aber hinter der Fassade hatten die Fundamente dieser Ehe bereits Risse. Don schien nur noch selten zu Hause zu sein; Wendy klagte darüber, daß er immer fort war, beim Training mit seinen Sportskameraden. Später kam er dann müde und erschöpft nach Hause und schlief, bis der Wecker einen neuen Arbeitstag einläutete. Aus stillem Bedauern wurde bitterer Unmut; Wendy fragte sich manchmal, ob sie diesen Mann einmal wirklich geliebt hatte, und obwohl beide versuchten, das Eheschiff vorm Kentern zu bewahren, trennten sich Kurts Eltern einige Zeit nach seinem achten Geburtstag.

Und damit verlosch eines der Lichter in Kurts Leben für immer.

Die Scheidung ist von jeher eine der traumatischsten Erfahrungen, die einem Kind widerfahren kann; es verliert den wichtigsten Halt in seinem jungen Leben und lädt sich statt dessen die doppelte Last von Schuld und Verantwortung auf die Schultern, das Gefühl, daß alles *irgendwie seine Schuld war.*

Nicht nur sein kindliches Unvermögen, die wirklichen Gründe für das Scheitern der Ehe seiner Eltern zu erkennen, und die endlosen Scheidungsprozeduren machten die Erfahrung für Kurt besonders schmerzhaft, sondern auch sein eigenes Gefühl des Scheiterns, das eine ungeheure Bedeutung für ihn gehabt haben muß.

Sein Vater war ein leidenschaftlicher Sportler, und wie so viele Väter, hätte er sich nichts sehnlicher gewünscht als einen Sohn, der in seine Fußstapfen tritt. Aber Kurt hatte nicht das geringste Interesse am Sport. War es denn seine Schuld, daß in ihm nicht der kleinste Funke von Begeisterung dafür glimmte, einen steinharten Ball über ein Spielfeld zu dreschen, das seinen Vater immer weiter von der Familie entfernt und schließlich in einen Wohnanhänger im Camping-Park von Montesano getrieben hatte? War der Zorn seines Vaters angesichts der Bemühungen Kurts, in einer Mannschaft zu spielen, nur um gleich beim ersten Versuch ins ›Aus‹ geschickt zu werden, schließlich doch zu groß geworden?

Vielleicht lag es auch an Kurts Weigerung – wieder gegen den Willen seines Vaters –, mit der rechten Hand zu tun, was er mit der linken viel besser konnte. Don war davon überzeugt, daß einem Linkshänder später im Leben Nachteile erwachsen, deshalb hatte er versucht, seinen Sohn dazu zu ermutigen, die Seiten zu wechseln. Wie so viele Eltern vor ihm war auch er an diesem Versuch gescheitert, denn die Natur läßt sich nicht gerne ins Handwerk pfuschen. Aber das konnte Kurt ja nicht wissen. Er wußte nur, daß er mal wieder etwas falsch gemacht hatte. Vielleicht hatte sein Dad *deshalb* die Familie verlassen?

Lag es vielleicht an seiner Unfähigkeit, sich wie der ›kleine Erwachsene‹ zu benehmen, als der – wie seine Mutter später behauptete – sein Vater ihn gerne gesehen hätte? Wenn er die Augen schloß und angestrengt nachdachte, konnte Kurt die Gefühle des Schmerzes und der Verwirrung wieder wachrufen, die immer dann in seinem Körper zirkulierten, wenn sein Vater ihn einen Dummkopf nannte und ihm auf die Knöchel schlug oder ihm eine Kopfnuß verpaßte. Aber er hatte eine solche Behandlung verdient, denn er hatte sich dumm angestellt oder war ungezogen gewesen, und vielleicht war sein Vater auch deshalb fortgegangen.

Es könnten aber auch die Ereignisse an Weihnachten 1974 gewesen sein, die das Faß zum Überlaufen gebracht hatten. Kurt hatte sich eine von diesen Spielzeugpistolen gewünscht, die im Namen von Starsky & Hutch verkauft wurden, den beiden tollkühlen Zivilbullen, deren Taten zur besten Sendezeit über die Bildschirme flimmerten. So ein Ding kostete fünf Dollar, aber es war sein Geld wert – fand jedenfalls Kurt.

Wendy war anderer Meinung, und als Kurt am Weihnachtsmorgen nach unten kam und unter dem Baum das schwere, klobige Päckchen fand, hatte er keine Ahnung, was das sein konnte. Wie eine Starsky & Hutch-Pistole fühlte es sich jedenfalls nicht an, und als er seine Hand über die rauhe, fast ein wenig sandige Oberfläche gleiten ließ ... ja, es fühlte sich an wie ... ganz langsam wickelte Kurt das ordentlich verpackte Geschenk aus. Es war ein Brikett. So hatte seine Mutter ihn für seine Unbescheidenheit bestrafen wollen. Und vielleicht hatte sein Daddy ihn deshalb verlassen.

Als er wieder auf seinem Zimmer war, schrieb Kurt sein

erstes überliefertes Stück Poesie. Er kritzelte es auf die Tapete:

»Ich hasse Mama, ich hasse Dad
Mama haßt Dad, Dad haßt Mama
Ach, was macht mir das für'n Kummer.«

Während des nächsten Jahres lebte Kurt zusammen mit seiner Mutter und seiner Schwester Kimberley in Aberdeen. Aber die Scheidung hatte ihn verändert. Aus dem fröhlichen, stets gut aufgelegten Kind, das seine Familie und seine Freunde so begeistert hatte, war ein zurückgezogener, widerspenstiger, ungezogener kleiner Junge geworden, der seinen Zorn an allem und jedem ausließ, der ihm in die Quere kam. Er sperrte seine Babysitter aus dem Haus und stritt ständig mit seiner Mutter und ihrem neuen Freund herum, der für ihn der ›große, böse Frauenschänder‹ war. Schließlich hielt Wendy es nicht mehr aus. Kurt kam zu seinem Vater in den Wohnanhänger-Park von Montesano.

Dort arbeiteten Kurt und sein Vater hart und offensichtlich erfolgreich daran, den Graben zuzuschütten, den ihr früheres Zusammenleben aufgerissen hatte. Jeder Marotte des Jungen wurde nachgegeben – Don kaufte ihm ein Mini-Motorrad mit richtigem Motor, zeltete mit ihm in dem weitläufigen Staatspark, der sich über die Halbinsel von Olympia erstreckt, nahm ihn mit zu den langen, schneeweißen Stränden an der Küste des Pazifischen Ozeans. Don versuchte sogar, Kurt auf die Jagd mitzunehmen, allerdings war Kurts Interesse schon vergangen, als sie am Waldrand angekommen waren. Tiere einfach so zum Spaß zu töten schien ihm irgendwie kein Spaß zu sein. Trotzdem hatte er, wie Don später einmal sagte, »alles, was er brauchte.«

Don arbeitete inzwischen als Kontrolleur für die Holzfirma Mayer Brothers; er war für die Bestandslisten verantwortlich. Er hatte eine unregelmäßige Arbeitszeit, manchmal mußte er das ganze Wochenende durcharbeiten, aber Kurt durfte jederzeit mit ihm aufs Gelände kommen, sich in den Lagerhäusern vergnügen, auf den frisch geschlagenen Baumstämmen herumklettern oder bei Don im Büro sitzen, irgendwelche Nummern wählen und den Leuten Telefonstreiche spielen.

Dann ging es wieder hinaus zu Dons Wohnmobil, wo sie über die Autostereoanlage Musikkassetten laufen ließen. Mit der unerschöpflichen Begeisterung des Kindes konnte Kurt sich ein- und dieselbe LP immer wieder anhören, ließ sich durch das konstante Rauschen der Tonwellen und Walzen des Recorders nicht stören und hörte zu, bis ein lautes Knacken das Ende des Tonbands signalisierte, und schon bald kam es ihm so vor, als seien diese Nebengeräusche ein integraler Bestandteil der Musik.

Als das Jahr 1977 sich seinem Ende näherte, war sein Lieblingsalbum NEWS OF THE WORLD von Queen, mit jenem hymnenartigen Song, der bereits damals die Sportarenen Amerikas erobert hatte: »We Are The Champions«. Oft saß er stundenlang im Wohnmobil und spielte die Kassette, immer wieder drückte er auf den Rückspulknopf des eingebauten Recorders und ließ das Band wieder von vorne spielen, manchmal so lange, bis die Autobatterie leer war. Die Texte kannte er längst alle auswendig.

Langsam fand Kurt, so schien es, in der einen Hälfte der Familie wieder zu sich. Lange Gespräche zwischen Vater und Sohn halfen ihm dabei, ein paar von den Schuldgefühlen über Bord zu werfen, die ihn wegen der Scheidung seiner Eltern noch immer quälten. Don erklärte ihm geduldig, daß zwei Menschen ihre Liebe manchmal verlieren, und daß niemand etwas dafür kann und man niemandem die Schuld daran geben darf. Es war eben so gekommen, daß die Gefühle von früher auf einmal nicht mehr da waren.

Und dann sagte Don noch etwas, das großen Eindruck

auf Kurt machte, dessen Seele langsam wieder zur Ruhe kam. Den Wortlaut des Gesprächs hatte Kurt längst vergessen, aber der wichtigste Punkt sollte bis zum Ende seines Lebens eine bittere Erinnerung bleiben: Don hatte ihm versprochen, nie wieder zu heiraten.

Als er im Februar 1978 sein Wort brach, war Kurt am Boden zerstört – zwei Jahre der vorsichtigen Gewöhnung an sein neues Leben waren auf einen Schlag zunichte gemacht.

Plötzlich wurde er wieder von den alten Gefühlen der Unsicherheit und des Zweifels bestürmt, und wieder einmal mußte er die Lektion schlucken, daß man keinem Erwachsenen über den Weg trauen durfte.

Kurt, Don und dessen neue Frau zogen ans andere Ende der Stadt, weg von dem Wohnanhänger-Park und in ein richtiges Haus. Kurt haßte das alles. Als seine Stiefmutter den Versuch machte, sich ihm zu nähern, freundlich zuerst, aber dann mit immer mehr und durchaus verständlicher Enttäuschung, biß sie bei Kurt auf Granit. Die drei Kinder – Kurt, sein Stiefbruder und seine Stiefschwester – hatten alle ihre genau aufgeteilten Pflichten im Haushalt. Kurts Teil blieb regelmäßig unerledigt. Er fing an die Schule zu schwänzen, und als Don ihm einen Nebenjob als Hilfskellner in einem nahegelegenen Restaurant besorgte, ging Kurt einfach nicht hin.

Er schikanierte seine jüngeren Stiefgeschwister, und wenn Don ihn fragte, ob er mit der Familie auf einen Einkaufsbummel kommen wollte, lief der Junge davon und flüchtete sich in den Keller, den er zu seinem Refugium gemacht hatte – und damit machte er alles nur noch schlimmer. Wenn die anderen beiden zurückkamen, hatten sie jedesmal ein funkelnagelneues Spielzeug bekommen. Kurt bekam gar nichts.

Verzweifelt und wütend zwang Don seinen Sohn dazu, sich dem Ringer-Team der Schule anzuschließen. Wenn das die ständigen Aggressionen des Jungen nicht zähmen oder wenigstens reduzieren konnte, was sollte dann noch helfen?

Kurt konnte die Ringerei nicht ausstehen, und trotzdem war er ein brauchbarer Kämpfer. Er war stämmig, hartnäckig und wesentlich kräftiger, als seine zarten Gesichtszüge vermuten ließen. Bis zu dem Moment, wo Kurt über seine Gegner herfiel, lullte er sie in eine trügerische Sicherheit. Der Junge sah aus wie ein Engel, aber er kämpfte wie der Teufel – wenn er wollte, jedenfalls.

Larry Smith, Kurts Stiefonkel, kann sich erinnern, daß Kurt eines Tages einem ›klobigen 250-Pfund-Typen Marke Holzfäller‹ gegenüberstand. Aber »Kurt kämpfte überhaupt nicht. Jedesmal wenn er umgeworfen wurde, antwortete er dem Kleiderschrank mit einer passenden Handbewegung, bis dieser schließlich aufgab. Und um dem Ganzen die Krone aufzusetzen, grinste Kurt die ganze Zeit.«

Das Ringen vermochte Kurts Zorn nicht zu zähmen. Er hatte Sehnsucht nach Aberdeen, wollte zu seiner Mutter und ihrem neuen Freund ziehen, und damit vertiefte er den Graben zwischen Vater und Sohn. Nur ein paar Jahre vorher hatte Kurt gejammert, daß er mit ihr nicht mehr zusammenleben könne. Und jetzt war sie plötzlich wieder sein Ein und Alles.

Don widersetzte sich Kurts Bemühungen. In dem verzweifelten Versuch, den Jungen an seinen Haushalt zu binden, beantragte Cobain senior das Sorgerecht für seinen Sohn – und es wurde ihm gewährt. Aber auch das half nichts, im Gegenteil, es ermutigte Kurt nur zu noch aufsässigerem Verhalten.

Es entbehrt nicht einer gewissen Ironie, daß es ausgerechnet Kurts Ringerei war, die schließlich den unvermeidlichen Bruch zwischen Vater und Sohn heraufbeschwor.

Er hatte bei einer Schulmeisterschaft den Endkampf erreicht, und Don war so stolz, wie jeder Vater es gewesen wäre. Er hatte keine Zweifel, daß Kurt den Kampf gewinnen und er und seine Familie etwas von dem Ruhm abbekommen würden. Auch Kurt schien zuversichtlich zu sein. Erst als die beiden Kämpfer auf der Matte knieten und den Pfiff des Mattenrichters erwarteten, spürte Don, daß vielleicht nicht alles wie geplant verlaufen würde. Kurt schaute so seltsam zu ihm herüber; er sah ihm direkt in die Augen und grinste … und er grinste immer noch, als der Pfiff ertönte und sein Gegner ihn auf die Matte warf.

»Du hättest seinen Blick sehen sollen«, sagte Kurt zu dem Schriftsteller Michael Azerrad. »Er ist doch tatsächlich nach der Hälfte des Kampfes rausgegangen, weil ich es getan habe … viermal hintereinander.« Unmittelbar nach diesem Vorfall zog Kurt für eine Weile zu seinem Onkel und seiner Tante.

Nach einer gewissen Abkühlungszeit kehrte er nach Montesano zurück und nahm das Tänzchen mit seinem Vater wieder auf, bei dem jeder von beiden um die Zuneigung des anderen buhlte, auch wenn sie einander den Respekt verweigerten. Das Traurige daran war, daß sie gar nicht merkten, was sie taten!

Ein typisches Beispiel ereignete sich, nachdem Don von einem seiner Freunde dazu überredet worden war, dem Columbia House Buch- und Schallplattenclub beizutreten – ein paar Langspielplatten oder Musikkassetten für einen Penny, und dann während der nächsten Jahre ein paar mehr zum regulären Preis. Vielleicht gehörte der Freund dem Club bereits an und wollte nur ein neues Mitglied werben, um sich eine Prämie zu verdienen, jedenfalls stieg Don auf das Angebot ein, und schon bald zeigte auch Kurt Interesse.

Aber statt an der Begeisterung seines Sohnes teilzunehmen, verlor Don recht bald das Interesse an den Angeboten des Clubs. Er zahlte zwar weiterhin die Rechnungen, aber er hörte sich die Platten nur selten an. Sie dienten ihm nur noch dazu, den Jungen bei Laune zu halten.

In der Regel war es so, daß der Briefträger das an Don adressierte Päckchen brachte und Kurt es öffnete, und so langsam entwickelte der Junge einen Musikgeschmack, der über die Langspielplatten der Beatles und der Monkees hinausging, die seine Tante Mary ihm vor Jahren geschenkt hatte. Das war doch nur kindisches Zeug, wie ... wie die Sachen, die Kurts Schulkameraden in der vierten Klasse sich anhörten. Als er ihnen von seinen neuesten Errungenschaften vorschwärmte, den Alben von Led Zeppelin, Black Sabbath oder Kiss, gähnten sie bloß. Dieser Cobain war doch schon immer ein Spinner gewesen – seine Klassenkameraden ließen ihn einfach gewähren.

Kurt dagegen wandte sich einem anderen Freundeskreis zu, den Kids von der Junior High School mit ihren Kraushaarfrisuren und den zerfetzten Rock'n'Roll-T-Shirts. Typen, die sich so *en route* durch die Schulen quälten, um dann Jobs an Tankstellen oder in Fast-Food-Restaurants anzunehmen. Kurt bewunderte sie, Don tolerierte sie – allenfalls – und verschloß die Augen vor den bizarren Magazinen, die jetzt immer häufiger im Haus herumlagen.

1977 – er war zehn Jahre alt – entdeckte Kurt die amerikanische Musikpresse, als die gerade den Punkrock entdeckt hatte, diesen kreischenden Bastard, der ein Jahr zuvor aus den Straßen der englischen Vorstädte hervorgebrochen war, und der seine speichelgetränkten Fühler jetzt nach der amerikanischen Jugend ausstreckte.

Wenn schon Aberdeen nicht gerade als Zentrum musikalischer Trends bezeichnet werden konnte – der einzige Plattenladen in der Stadt führte ein Sortiment, das man in jeder anderen Kleinstadt auch finden würde: Die Top-40 der *Billboard*-Charts und die Bestseller vergangener Jahre –, so war Montesano noch viel weiter vom Schuß. Dort gab es nicht mal einen einzigen Plattenladen, während die Zeitungskioske nur den gemeinsamen Nenner der Bedürfnisse bediente – Schußwaffen, Jagd und Baseball und in der Musikabteilung *Creem* und *Rolling Stone*.

Kurt tendierte mehr zu *Creem*. Sie hatte ein handliches Format, ließ sich in einer Hosentasche zusammenrollen, verzettelte sich nicht in linker Politik und – was ihm am besten gefiel – war randvoll mit Fotos, ausgeflippten Fotos, wilden Fotos, Fotos von Leuten mit Namen wie Johnny Rotten und Sid Vicious, Iggy Pop und Richard Hell.

Es war ein kleines Stück New York, ein schmackhafter Bissen London, plattgewalzt zu Farbdrucken und quer durch das Land geschickt, um Kurts wilde Phantasie anzufachen. Dabei machte es gar nichts aus, daß Kurt noch nie eine Platte mit Punkrock gehört hatte, daß er nicht einmal wußte, wie diese neue Musik sich anhörte. Er brauchte nur einen Blick auf die Fotos zu werfen und konnte es sich vorstellen. Es war der Schrei des Trotzes und der Herausforderung, des Zorns und des Schmerzes, ein kakophonischer Zauber, mit dem sich jedes Leiden kurieren ließ.

Nachdem er das Alter des Teenagers erreicht hatte, schwenkte Kurt, ermutigt durch seine neuen Freunde, auf den beschwerlichen, unsteten Weg eines Nomaden ein, der ihm in den letzten Jahren noch so bedrohlich erschienen war. Der Reihe nach beherbergten ihn ein paar seiner Verwandten, und wahrscheinlich wunderten sie sich jetzt darüber, daß sie einmal so entzückt von diesem kleinen Monster gewesen waren, in das Kurt sich inzwischen verwandelt hatte. Von Tanten zu Onkeln und schließlich zu Dons Eltern führte seine Wanderschaft, und der Koffer wurde zum wichtigsten Utensil in Kurts Leben. Er hat einmal behauptet, mindestens zweimal jährlich von Montesano nach Aberdeen und wieder zurück gezogen zu sein, bis er dreizehn Jahre alt war und Wendy endlich einschritt.

Sie hatte mit ihrem Freund Schluß gemacht, sich aus dem Teufelskreis von körperlichem und geistigem Mißbrauch befreit, zu dem ihr Alltagsleben verkommen war. Aber sie hatte keine Arbeit mehr und konnte es sich damals nicht leisten, einen heranwachsenden Jungen durchzufüttern. Statt dessen schlug sie ihm vor, zu Onkel Chuck zu ziehen, dem Rock'n'Roller der Familie. Kurt stimmte begeistert zu.

So wie Don hatte auch Chuck eine phantastische Plattensammlung. Anders als Don lebte er mit seinen Schallplatten, hörte sie sich an und liebte sie. Das Verlangen danach, alles über Musik zu wissen, das die Typen in Montesano auf ihre besoffene Art und Weise in ihm geweckt hatten, lief jetzt auf Hochtouren.

Chuck merkte sehr wohl, welch ein erstaunliches musikalisches Bewußtsein sich in seinem jungen Neffen entfaltete, und er unterstützte es nach besten Kräften. Aber er hatte aus den Fehlern der Vergangenheit gelernt. Geschenke an Kurt durften nicht als *fait accompli* präsentiert werden, wie an seinem sechsten Geburtstag, als es Malkästen gehagelt hatte, die den kleinen Künstler in eine widerwillige Fügsamkeit zwangen. Nein, sie mußten ihm die freie Wahl lassen. »Hey, was wünschst du dir zum Geburtstag?« fragte er, als Kurt auf die Vollendung seines dreizehnten Lebensjahrs zusteuerte. »Ein Fahrrad? Oder eine Elektrogitarre?«

Kurt war beeindruckt. Du meinst, ich kann es mir aussuchen? Kurt wählte die Gitarre – ein kaum brauchbares, gebrauchtes Sears-Modell – und einen verbeulten 10-Watt-Verstärker. Und dann machte er da weiter, wo Tante Mary aufgegeben hatte, aber ihre behutsame Beschreibung der

Akkorde und Sequenzen tauschte er gegen den rollenden Donner des Heavy Metal ein. Kurt fragte einen der Musiker aus Chucks Band, Warren Mason, ob er ihm nicht beibringen könnte, wie man »Black in Black« spielt – AC/DC's heulende Hommage an ihren verstorbenen Sänger Bon Scott.

Auch wenn er selbst sie kaum verstand, es lag eine ursprüngliche Poesie über dem Song, eine Ahnung davon, daß man nie mehr andere Akkorde brauchte, wenn man diese einmal kapiert hatte. »Ich lernte etwas über Power-Akkorde. Mit Power-Akkorden kannst du fast alles spielen.«

Es dauerte nicht lange, und Kurt spielte »Best Friend's Girl« von den Cars und Queens Power-Funk-Stück »Another One Bites the Dust«. Außerdem brachte er sich »Louie Louie« bei, Richard Berrys Garagen-Punk-Hymne, ein Dauerbrenner im Repertoire so ziemlich jeder Band, wie es scheint.

Sein Horizont hatte sich erweitert seit den Tagen, als er den Katalog von Columbia House durchblätterte und die Namen der Bands einkreiste, die sich am wildesten anhörten, und er hatte mehr Erfahrungen als zu jener Zeit, als er die Fotos des Punkrock studierte und sich in seinen Tagträumen ausmalte, wie die Musik wohl klingen mußte.

Er sah sich im Fernsehen *Saturday Night Live* an und staunte über die musikalischen Gäste, die dort auftraten. Als Mitte 1980 The B-52's aus Athens, Georgia, mit ihrem »Rock Lobster« auf den Plan traten, mag deren etwas skurrile Musik ihn zunächst befremdet haben, aber er verliebte sich Hals über Kopf in ihr Charisma und flippte beinahe aus, als er die Schuhe des Sängers Fred Schneider sah, schwarzweiß karierte Stiefel, einfach superscharfe Treter. Gleich am nächsten Tag malte sich Kurt mit großer Geduld schwarze und weiße Quadrate auf seine Turnschuhe.

Aber B-52 waren nur die Spitze des Eisbergs. Die Punkbands – inzwischen zum New Wave mutiert – fegten über Amerika hinweg, und ihr Geist drang sogar bis in den hintersten Winkel der tiefsten Provinz des Staates Washington. Kurt hörte die Ramones, und es brach ihm fast das Herz, als er erfuhr, daß sie schon einmal in Aberdeen aufgetreten waren; diese vier in schwarzes Leder gezwängten New Yorker, deren Songs schneller waren, als ihr Bassist DeeDee zählen konnte, hatten ihre Teenager-Hymnen in einen von besoffenen Holzfällern nur halbgefüllten Saal gehämmert. Kurt erinnerte sich an das Datum – am 5. März 1977 war der Punkrock nach Aberdeen gekommen, hatte auf dem Absatz kehrt gemacht und sich wieder verzogen. Der Junge legte ein privates Gelübde ab – das nächste Mal, wenn der Punk sich auf den Straßen der Stadt sehen lassen würde, dann wollte er dabei sein und aufpassen, daß er nicht wieder verschwindet.

Clash hatte ein neues Album veröffentlicht, ein dickes Dreifachalbum, das sich SANDINISTA nannte. Kurt kaufte es sich, denn The Clash ... die hatten ganz am Anfang gestanden, zusammen mit den Sex Pistols, und schon in der ersten Nacht im Roxy hatten sie einer Zukunft, die einst unvorstellbar erschien, ihr Napalm, ihre Slogans, ihre Mantras entgegengebellt ... »Kein Elvis, keine Beatles, keine Rolling Stones mehr.« Zuhause warf er die Platte, errötet vor Erregung, auf den Plattenteller ... aber das hätte ja genausogut Onkel Chuck sein können oder Tante Mary! Alles mögliche hätte das sein können, nur kein Punk! Jedenfalls nicht der Punk, der ihm im Kopf herumspukte.

Er war vierzehn Jahre alt, hatte eine elektrische Gitarre und ein Repertoire, das sich über die verstaubten Ladenhüter der Oldie-Sendungen hinausentwickelt hatte. Wenn der Punk nicht zu mir kommt, sagte sich Kurt, dann muß ich eben zu ihm gehen. »Drei Akkorde und 'n lautes

Organ«, mehr brauchte man nicht, und dann verätzte er oben in seinem Zimmer die Tapeten mit dem winzigen, blechernen Verstärker, der sich die Seele aus dem Leib schüttelte, wenn Kurt auf seine Gitarre eindrosch, mit ihr rang, ihr beinahe den verkratzten Hals abdrehte. »Das war 'ne echte Erlösung für mich.«

3

Einmal ein Rockstar zu werden – das stand für Kurt Cobain als Kind unter seinen Berufswünschen an erster Stelle. Er hatte auch daran gedacht, sich als Präsidentschaftskandidat aufstellen zu lassen, aber »das war nur so eine dumme Idee«. Viel lieber wollte er ein Rockstar werden.

Dieser Traum erfüllte ihn, bis er als acht- oder neunjähriger im Fernsehen den Stuntman Evel Knievel sah. Dieser Bursche kannte wahrlich keine Angst. Mit seinem aufheulenden Motorrad schoß Knievel über eine ziemlich schmale Fahrbahn aus Holzbrettern, die sich ein paar Meter über der Erde befand; dann riß er die Maschine gen Himmel, trotzte den Gesetzen der Schwerkraft und überflog mitsamt seinem Motorrad im freien Fall die in Reihen geparkten Schulbusse, Autos, Lastwagen und alles, was sonst noch im Weg stand. Dann landete er mühelos und einwandfrei auf der anderen Seite des Hindernisses – wiederum auf einer schmalen Holzplanke, von der aus er gemächlich wieder auf den festen Boden zurückrollte. Dabei lachte er leise in sich hinein, ganz so, als ob er den ganzen Wirbel um ihn herum gar nicht verstehen könne. »Hey Leute, was soll die Aufregung, das kann doch jeder«, schien er zu sagen.

Kurt war sich nicht sicher, doch er dachte, daß es ruhig jeder können sollte oder daß zumindest *er* es können sollte und fing deshalb an, für seine Karriere als Stuntman zu trainieren. Also baute er in den Wäldern, die in der Nähe seines Elternhauses lagen, Hindernisstrecken auf, die er dann überwinden mußte; und dabei war er so hartnäckig, daß ihn auch unzählige Beulen, Schnittwunden, Kratzer und andere Schmerzen nicht von seinem Treiben abhalten konnten. Einmal schleppte er sein Fahrrad auf ein niedrig gelegenes Dach und segelte damit in den Garten. Ein anderes Mal warf er all sein Bettzeug auf den Vorsprung unter seinem Schlafzimmerfenster und ließ sich dann vom ersten Stockwerk in das Wäscheknäuel fallen. Er fragte sich auch, wie es sich wohl anfühlte zu explodieren; um das herauszufinden, klebte er Knallkörper auf ein Blech und befestigte dieses dann an seiner Brust. Die anschließende Explosion machte ihn beinahe taub, aber er lebte noch. Jawohl! Er wollte ein echter Stuntman sein.

Doch dann, als ihm der Punkrock durch die Adern strömte und in seinem Kopf vibrierte, wollte er wieder ein Rockstar sein – diesmal natürlich ein Punk-Rockstar, und zum Glück kannte er auch schon die Leute, die ihm dabei auf die Sprünge helfen konnten.

Seitdem er wieder bei Don lebte, hatte Kurt sich den Wünschen seines Vaters geduldig gebeugt und war in das Babe-Ruth-League-Baseball-Team eingetreten. Für Kurt war das totale Zeitverschwendung – er haßte das Spiel, fand es sinnlos und langweilig, und wenn er mit dem Schlagen an der Reihe war, dann war es für ihn die einfachste Sache der Welt, die Schlagkeule völlig stümperhaft umherzuschwingen und darauf zu warten, bis er ›aus‹ war. Dann konnte er nämlich zurück auf die Bank und hatte mehr Zeit, um mit Matt Lukin über Musik zu reden.

Lukin war damals am Montesano High eine Rarität; mit ihm hatte sich Kurt sofort verstanden, als die beiden sich in der Physikstunde zum erstenmal gesehen hatten. Lukin stand damals auf Kiss und Cheap Trick, Bands, die Kurts Geschmack von Punkmusik durchaus trafen, die aber in jedem Fall ziemlich abgedreht wirkten. Die Leute von Kiss trugen damals noch Make-up und traten in Frauenklamotten auf, was vielleicht kitschig aussehen oder wie ein bloßer Show-Gag wirken mochte, aber das, was sie auf die Bühne brachten, war auf jeden Fall wesentlich aufregender als alles, was zu jener Zeit sonst noch so geboten wurde.

Noch besser war allerdings, daß Lukin in einer Rockband spielte, und zwar nicht wie Chuck und Warren Mason in einer Kneipen-Band, in der nur Erwachsene mitspielten; Lukin gehörte zu einer wilden, energiegeladenen Jugend-Band, die Lieder von den alten Who und von Jimi Hendrix nachspielten und einen solchen Enthusiasmus in ihre Stücke hineinfließen ließen, daß die ursprünglichen Songwriter ihre Lieder wohl kaum wiedererkannt hätten. Die Band hieß ›Melvins‹.

Eines Abends schaute Kurt bei einer ihrer Proben vorbei; es war das erste Mal, daß er eine leibhaftige Rockband sah und noch bevor er Lukin kennengelernt hatte. Kurt kam auf Einladung des Freundes eines Freundes von Melvins erstem Schlagzeuger Mike Dillard. Obwohl Kurt noch nicht einmal in die neunte Klasse ging, hatte er sich peinlicherweise furchtbar mit Wein vollgesoffen.

Er erzählte es den Leuten von der Band ein paar Millionen Male, daß sie einfach wunderbar seien, bis sie ihn schließlich rausschmissen. Als er von dem Dachboden hinunterkletterte, auf dem die Melvins probten, stolperte er und rutschte aus. Das war sein erster Rock-'n'-Roll-Auftritt, und wenn er nicht so betrunken gewesen wäre, hätte er sich dabei wohl wahnsinnig wehgetan.

Der Anführer der Melvins war Buzz Osbourne. Er war ein paar Jahre älter als Kurt und bot schon einen ziemlich imposanten Anblick. Genau wie Kurt bearbeitete er seine Gitarre eher recht unsanft, anstatt harmonisch an den Saiten zu zupfen; er hämmerte rhythmisch auf der Gitarre herum, doch dann zauberte er allmählich eine ganz eigene Melodie hervor. Und schon hatte er bewiesen, daß Montesano für ihn längst nicht der Anfang und das Ende seines Universums bedeutete.

Osbourne war einige Male in Seattle gewesen, um sich andere Bands anzusehen oder um mit seiner eigenen Gruppe dort aufzutreten; für Kurt war das der Gipfel alles Denkbaren, und deshalb war der ältere Junge für ihn kein Schulkind aus Montesano, sondern ein echter Guru.

Osbourne mochte es, daß Kurt Cobain ihn verehrte. Wenn man jenen unglücklichen Abend auf dem Dachboden außer acht ließ, dann hatte der widerspenstige Junge mit dem wilden Haar und den stechenden Augen doch eine natürliche und faszinierende Ausstrahlung. »Als ich Kurt Cobain zum ersten Mal traf, erinnerte er mich an einen ausgerissenen Teenager«, sagte Osbourne einige Jahre später. Als er dann noch einmal genauer über das Outfit von Kurt sinnierte, das inzwischen im ganzen Land bekannt war, fügte er hinzu: »Wenn ich darüber nachdenke, sieht er eigentlich immer noch genauso aus.«

Osbourne, der Kurt ja in der Schule regelmäßig sah, kannte auch die lange Spur der Graffiti-Schmierereien, die der Junge hinter sich herzog, nämlich des Logos der Sex Pistols, das Kurt auf jeder zur Verfügung stehenden Oberfläche zurückließ. Eines Tages kam Buzz dann mit einem Fotoband über die Sex Pistols in die Schule und sagte zu dem Jungen: »Kurt, ich kann dir das Buch leihen, wenn du möchtest!« Osbourne hätte am nächsten Tag für immer verschwinden können und wäre trotzdem auf Lebenszeit Kurts Freund geblieben. Doch wie es so kam, hatte Osbourne noch ein paar weitere freudige Überraschungen für ihn in der Hinterhand.

Was seine musikalische Entwicklung anging, unterschied sich Osbourne kaum von Kurt Cobain. Er war mit der Metal-Musik der siebziger Jahre großgeworden – »also mit Aerosmith, Ted Nugent und ähnlichen Leuten«, doch dann kam die Punkmusik, die ihn genauso aufrüttelte wie jeden anderen »halbwegs offenen und halbwegs neugierigen 14- oder 15jährigen«.

»Das Album der Sex Pistols (NEVER MIND THE BOLLOCKS, HERE'S THE SEX PISTOLS) hab' ich damals aus reiner Neugier gekauft; ich wollte einfach wissen, wie wohl Leute spielen, die so aussehen wie die.«

Was ihn am meisten beeindruckt hat, waren »die Energie und die Aggressivität«, das aufputschende Gedröhne der Gitarren, mit dem »Anarchy in the U. K.« beginnt, das stockende Motiv bei »Submission« oder der grelle, schwachsinnige Singsang in »I'm A Lazy Sod (17)« und »Pretty Vacant«. Die Musik wirkte »so unkontrolliert, aber sie war doch musikalisch ganz straight auf den Punkt gebracht. Sie war vollkommen anders als alles, was ich zuvor jemals gehört hatte.«

»Dann traf ich jemanden, der jede Menge britische Punk-Platten hatte – die Vibrators, 999, Buzzcocks, lauter Gruppen, von denen ich noch nie etwas gehört hatte.« Genau diese Plattensammlung erlaubte es Osbourne, selbst herauszufinden, »welche Musik ich wollte – und auf welche ich auch verzichten konnte. Für mich war diese Plattenreihe mein Musiklehrer«; und diesen Musiklehrer sollte er auch mit Kurt teilen.

Wenn Buzz spät abends seine Platten hörte, nahm er einige südkalifornische Hardrock-Bands wie Flipper, MDC, Black Flag oder die Circle Jerks für Kurt auf Kassetten auf. Die Musik dieser Gruppen war so verrufen und wild und ihr Publikum so gewalttätig, daß die Polizei von Huntington Beach einige Punkbands tatsächlich als Gangs einstufte und ihre Fans als Gang-Mitglieder klassifizierte. Während der regelmäßigen Razzien beim öffentlichen Zurschaustellen der Gangfarben war es ganz egal, ob man ein Punkrock-T-Shirt trug oder mit den Emblemen der Bloods oder der Crips herumlief – man konnte für beide Vergehen gleichermaßen leicht im Knast landen.

Buzz und Kurt begannen, gemeinsam auf Konzerte zu gehen; das erste Konzert, an das Kurt sich erinnern konnte, war von den D. O. A. aus Vancouver; wie ja schon ihre geographische Herkunft nahelegt, war ihre Musik eine Mischung zwischen der harten Musikszene aus L. A. und der eher überheblichen Angloszene an der Ostküste. Das zweite Konzert, das Kurt sah, war das von Black Flag. Die Tickets für das Spektakel im Mountaineers Club auf der 3. Avenue von Seattle kosteten 12 Dollar. Kurt verhökerte seine gesamte Plattensammlung, jedes einzelne Foreigner-, Kiss- und Pat-Benatar-Album, das er besaß, einfach nur für eine einzige Nacht mit wahnsinnigem Krach und brutalem Slam-Dancing.

Doch das war es ihm wert gewesen. Nachdem er Black Flag auf dem Gipfel ihrer Haßtiraden erlebt hatte und der Sänger Henry Rollins seinem Publikum in einer Weise gegenübergetreten war, von der die Eltern der Zuhörer selbst in ihren schlimmsten Befürchtungen nicht geträumt hätten, fragte sich natürlich jeder, wie er jemals wieder zu dem keimfreien Geblöke von Journey & Co. zurückkehren sollte. Am nächsten Tag – es muß etwa Mitte August 1984 gewesen sein – stylte sich Kurt seine Haare wie ein Punker zurecht »und begann, die Autos von irgendwelchen Leuten mit Spray zu verzieren. Für mich stand fest, daß ich mein ganzes Leben lang ein Punk sein werde!«

»Beim Punkrock geht es um die vollkommen Ausgestoßenen«, sagt Steve Turner von der Gruppe Mudhoney. »Wenn du eine Gruppe von Typen auf der Bühne siehst, die wie Rockmusiker aussehen, dann sagst du ›oh, eine Rockband‹. Viel geiler ist es aber, absolute Freaks zu sehen, die da oben einiges von sich geben wie AAAAAAARRRRUUUGGGHHH!«

Genau dieses AAAAAARRRRUUUGGGHHH war es, was Kurt besonders gut gefiel, diese Ur-Therapie für das entehrte, ausgespieene Selbstbewußtsein der Gesellschaft in der Form eines einzigen, die Kehle schmerzenden Schreies. Kurt hatte bereits einiges über Power-Akkorde gelernt, doch jetzt entdeckte er auch noch die Power-Schreie. Als er einmal mit seinem Stiefonkel Larry zum Angeln ging, hockte er nicht einfach nur stundenlang am Fluß und hielt die Rute ins Wasser. Irgendwann lehnte er sich zurück, lehnte sich ans Ufer und schrie. Als Larry herbeilief und ihn fragte, was denn los sein, grinste Kurt nur und sagte: »Nichts. Ich stärke nur gerade meine Stimmbänder.«

Wenig später erzählte Kurt seinem Freund Osbourne, daß er daran denke, eine Punk-Rock-Band zu gründen und daß diese Band die beste, verdammte Punk-Rock-Band auf der ganzen Welt werden würde. Osbourne hatte keinen Zweifel daran, daß Kurt das schaffen könnte. Die Frage war nur, ob er das auch wirklich wollte.

»Ich konnte mit den meisten Leuten einfach nichts anfangen«, erzählte Kurt später. »Deshalb hing ich hauptsächlich alleine herum und spielte auf meiner Gitarre.«

Kurt genoß die Einsamkeit, die er sich selbst auferlegt hatte. Insbesondere gefiel es ihm, wenn der Verwandte, mit dem er gerade zusammenlebte, es respektierte – oder zumindest akzeptierte –, daß der komische, im oberen Stockwerk hausende Junge sein Verhalten niemals ändern und ein normales Leben beginnen würde. Wenn Kurt mal nach unten ging, dann tat er das entweder um sich etwas aus dem Kühlschrank zu holen oder weil er mit seinen Kumpels ausgehen wollte. Es war ganz offensichtlich, daß er unglücklich war, aber was konnten seine Verwandten schon tun? Und was konnte *er* tun?

Im Mai zuvor hatte Kurts Mutter wieder geheiratet. Ihr neuer Mann Pat O'Connor war Hafenarbeiter und ein starker Trinker, und als Kurt zum ersten Mal nachfragte, ob er zurückkommen könne in das Haus, in dem er aufgewachsen war, antwortete ihm seine Mutter, daß das auf keinen Fall möglich sei. Bis sie ihre Meinung änderte, mußte Kurt ›monatelang‹ verhandeln; er telefonierte mit ihr so oft er konnte, er weinte, bettelte und flehte. Am Ende gab Wendy nach, doch das erneute Zusammenleben blieb sowohl für Kurt als auch für seine Mutter ein zweischneidiges Schwert.

Am härtesten war es für Kurt, daß er mitbekommen mußte, wie Pat seine Mutter behandelte. Bei einem der schon häufig erzählten Zwischenfälle blieb O'-Connor die ganze Nacht über weg und kam dann gegen sieben Uhr morgens völlig betrunken zu Hause an – direkt aus den Armen einer anderen Frau. Wendy verbiß sich einen Kommentar und ging wie immer zur Arbeit, doch es gab kein Entkommen. »Hey! Wo war denn Pat letzte Nacht?« riefen ihr ein paar von O'Connors Trinkkumpanen zu, die in dem Kaufhaus herumhingen, in dem sie arbeitete, und die Stimmen der Männer verrieten ganz klar, daß sie die Antwort genausogut kannten wie sie selbst.

Wendy rief daraufhin einen Freund an, mit dem sie ausging und sich betrank. Dann stürmte sie zurück in ihr Haus.

Pat war gerade mit Kurt und Kimberley unten, als Wendy ins Haus kam, direkt zum Garderobenschrank ging, eines der Gewehre ihres Mannes herausnahm und ihm drohte, ihn zu erschießen. Sie kämpfte mit der Waffe und versuchte herauszufinden, was man tun mußte, um sie zu laden. Als sie merkte, daß sie es nicht konnte, suchte sie einfach alle Gewehre zusammen, die sie im Haus finden konnte – und das waren viele, denn Pat war ein begeisterter Jäger und Sammler –, ließ Kim sämtliche Munition, die sie finden konnte, zusammentragen und warf dann alles zusammen in den Wishkah-Fluß.

Kurt beobachtete die Szene durch sein Schlafzimmerfenster und arbeitete in Gedanken schon daran, wie er diese jüngste Familienkrise am besten zu seinem persönlichen Vorteil nutzen könnte. Manche Leute meinen, daß die Geschichte an dieser Stelle etwas undurchsichtig wird, doch das spielt eigentlich keine Rolle. Denn Kurt hat die Geschichte wahrheitsgemäß erzählt.

In dem Augenblick, als die Luft rein war, trommelte er ein paar Nachbarkinder zusammen, gab ihnen ein paar Dollar und wies sie an, den Fluß zu durchwühlen und nach den Waffen zu suchen. Als die Kinder dann alle Gewehre zusammengetragen hatten, die sie finden konnten, schaffte er die ganze Fuhre mit Knarren in die Stadt und verkaufte sie.

Ein Junge in der Stadt hatte einen Verstärker zu verkaufen. Kurt kaufte das Gerät und schlug dann vor, gemeinsam loszuziehen und etwas Pot zu besorgen. Da er aber gerade den Verstärker gekauft hatte, hatte Kurt kein Geld mehr; doch der andere Typ war wohl gerade ziemlich gut bei Kasse und ließ Kurt wissen, daß er sich keine Sorgen machen müsse. Wie Kurt erzählte, verpulverte der Typ sein ganzes Geld für die Ladung Pot, und so kam es, daß Kurt nicht nur einen neuen Verstärker erworben hatte, sondern sich bei der Aktion auch noch prima zugedröhnt hatte.

Über einen langen Zeitraum hinweg hatte Kurt seine Freunde damit verblüfft, daß er *nicht* den Lastern frönte, die einem das Leben in Aberdeen wenigstens halbwegs erträglich erscheinen ließen. Er litt schon damals an etlichen Leiden, die sich in seinem späteren Erwachsenenleben so schmerzhaft gegen ihn verschwören sollten: da war die Bronchitis, die ihn schon als Kleinkind verfolgt hatte, da waren diese mysteriösen Magen-Darm-Beschwerden, die ihn manchmal Blut spucken und von Selbstmord träumen ließen, und dann litt er auch noch an nervenaufreibenden Rückenschmerzen. Mit dem Essen mußte er immer wahnsinnig vorsichtig sein – also war er mit anderen Dingen, die man sich in den Körper pumpen konnte, natürlich noch achtsamer. »Kurt ... war der einzige, mir bekannte junge Typ, der nicht rauchte, kein Bier trank und keinen Pot rauchte«, sagte Dana James Bong, eine seiner Schulfreundinnen, gegenüber dem Journalisten Patrick MacDonald von der *Seattle Times*.

Doch im Laufe der Zeit ließ Kurts Entschlossenheit nach. Vielleicht hatte er aber auch einfach nur gelernt, mit seinen Schmerzen zu leben. Jedenfalls bestätigten später sowohl Dana James Bong als auch der Journalist MacDonald, daß Kurt irgendwann all die ungesunden Dinge ›im Übermaß‹ zu sich nahm. Kurt selber sagte, daß er ›in der neunten Klasse‹ damit begann.

Kurts neuer Verstärker entlarvte sein altes Gerät als das, was es war: ein Haufen Mist, mehr nicht. Nicht im Traum hatte Kurt geglaubt, so viel Lärm machen zu können; Stunde um Stunde machte er Musik, bis die Wände wackelten, die Fenster klapperten und seine Mutter unten mit einem Besenstiel gegen die Wohnzimmerdecke schlug und ihre verzweifelte Kantate anstimmte.

Wendy gibt zu, daß sie, wenn sie mit Pat zum Einkaufen wegging, bei ihrer Rückkehr immer halbwegs darauf gefaßt war, in ihrem Haus kein einziges intaktes Stück Glas mehr vorzufinden, weil sie befürchtete, daß alles Glas unter Kurts Lärmattacken zu Bruch gehen mußte; seine Lärmattacken entfesselten sich immer, wenn er allein war. Und wenn es nicht vom Lärm zerstört wurde, dann durch Steine von draußen. Denn die Nachbarn haßten Kurts Gitarre fast genauso heftig wie Wendy – allerdings noch lange nicht so wie Don, was sich herausstellen sollte, als Kurt einmal wieder seinen Vater besuchte. Ein Bibliothekar sah Kurt eines Tages bedrückter denn je in der Schule herumlaufen. Kurt behauptete, sein Vater habe gerade seine Gitarre zerschmettert, weil er zu laut gespielt habe.

»Dabei hätte er mich ja nur bitten müssen, die Anlage etwas leiser zu stellen«, sagte Kurt und sah dabei so ernst und so tief verletzt und verstört aus, daß der Bibliothekar durchaus geglaubt haben mochte, daß man nur an Kurts Tür hätte klopfen und ein »bitte, mein Sohn …« hätte äußern müssen; und schon hätte Kurt gehorsam seinen Verstärker leiser gedreht und sich für die Störung entschuldigt – doch wer hatte hier wohl wen an der Nase herumgeführt? Es gab keinen einzigen Lehrer an der Weatherwax High School, der nicht ein Lied über Kurt Cobains Sturheit singen konnte, der nicht erlebt hatte, wie er eine Sache gut sein ließ und gleichzeitig schon einen neuen Streich ausheckte oder wie er durch seine Arglosigkeit Schuldgefühle verursachen konnte, weil man ihn bei irgend etwas erwischt hatte.

Doch es gab auch ein paar Lehrer, die für Kurt durchaus Sympathie empfanden. Er war ein intelligenter Bursche, und wenn er sich im Unterricht langweilte, dann lag das zumindest zum Teil daran, daß er über das, was er gerade lernen sollte, schon Bescheid wußte. Bücher verschlang Kurt regelrecht, und wenn in der Klasse über den Film *Rumblefish* diskutiert wurde, dann war es meistens so, daß er die klügsten Fragen stellte – und dann die Augen verdrehte, weil seine Lehrer so dumme Antworten gaben.

Kurt schrieb auch Gedichte, doch das war etwas, das er nie offen zugab. Erst als der *Seattle Times*-Journalist Patrick MacDonald in seinem Interview mit Kurt davon erfahren hatte, konnte der Schul-Bibliothekar von dieser Neuigkeit in Kenntnis gesetzt werden; John Eko soll laut Patrick MacDonald total überrascht gewesen sein und gesagt haben: »Das ist ja wunderbar! Davon hab ich gar nichts gewußt! Vielleicht kann ich jetzt endlich ein paar Kinder davon überzeugen, auch mal Gedichte zu lesen.«

Zurück in Aberdeen, verlief Kurts Leben mit Wendy und Pat im großen und ganzen genauso wie sein Leben in Montesano, doch da gab es einen großen Unterschied. Denn in Montesano gab es die Melvins – und das beste, was Aberdeen zu bieten hatte, war die Gruppe Metal Church ... und wer konnte sich die schon noch anhören, wenn man schon mal den Melvins begegnet war? Kurt verkroch sich immer tiefer in sein Schneckenhaus; auf dem Schulhof hing er ganz hinten in der Raucherecke herum und starrte mit unergründlichem Blick vor sich hin und forderte durch sein Schweigen einige Mitschüler zu einer Mutprobe heraus, die darin bestand, ihn anzusprechen. Aber das wagten nur wenige.

Einer schaffte es dann allerdings doch, in die Sphäre von Kurt Cobain einzudringen, und das war Dale Crover. Niemand weiß, ob es ein Zufall war, oder ob etwas Tieferes darin steckte, als Mike Dillard die Melvins verließ und, ohne daß Kurt irgend etwas damit zu tun hatte, durch Dale Crover ersetzt wurde. Kurt hatte die Melvins damals schon seit Monaten nicht mehr gesehen, genauer gesagt, seitdem er wieder bei seiner Mutter und bei Pat wohnte, und jetzt erschien es ihm plötzlich so, als wäre er nie fortgegangen – er mußte nun nicht mehr nach Montesano fahren, um die Gruppe zu sehen. Die Melvins kamen jetzt nach Aberdeen und zogen in das Gästezimmer im Haus von Dales Eltern und luden erst mal sofort all ihre Freunde zu den Proben dorthin ein.

Allerdings probte die Band nur ziemlich selten, und wenn sie probte, dann auf jeden Fall ohne Publikum. Buzz paßte dann draußen auf, daß alle im Patio warteten, während die Melvins ihre Stücke durchspielten. Ab und zu hörte die Musik kurz auf, und einer von den Jungs kam runter, um ein Bier zu trinken; so war es wenigstens für niemanden eine vollkommene Zeitverschwendung, im Patio herumzulungern.

Kurt stand der Band so nahe wie viele andere auch. Er war einer der Fans aus der ersten Reihe, und er half bei Auftritten gerne mit, die Geräte zu schleppen; als Gegenleistung reichte ihm meist, daß sein Name auf der Gästeliste auftauchte. Die Konzerte, die außerhalb der Stadt stattfanden, zum Beispiel in Olympia, Tacoma oder Seattle, gefielen Kurt am besten. Als Kind hatte er sich in aller Unschuld vorgestellt, daß die Vereinigten Staaten nicht größer seien als sein eigener Garten und daß er, um ein Star zu werden, nichts weiter tun müsse als ein paar Songs zu spielen und sein Gesicht auf den Titelseiten von Magazinen abdrucken zu lassen. So einfach hatte er sich das vorgestellt, und dann stellte sich schließlich heraus, daß es tatsächlich so einfach *war*. Doch es waren diese 220 Meilen von Aberdeen nach Seattle, die seine Vision eine noch schöpferischere Gestalt annehmen ließ und ihr die Substanz verlieh, an die Kurt sich schließlich klammern konnte.

In einem echten Desaster endete allerdings Kurts Versuch, selbst bei den Melvins miteinzusteigen. Er hatte schon ein paar eigene Songs geschrieben, und dabei hatte er aus seinen Gedichten einige Passagen ausgewählt und eine einfache Melodie dazu komponiert. Matt Lukin war einer der wenigen, die sich die Bänder, die Kurt produzierte, auch wirklich anhörten; und er tat schon damals kund, daß es Kurts Bestimmung sei, unter seinesgleichen ein wahres Talent zu werden. Es sei komisch, sagte er, »daß es Kids gibt, die ihre eigenen Songs schreiben und diese lieber spielen als die Lieder von Mötley Crue!«

Als Kurt dann jedoch Buzz, Matt und Dale etwas vorspielen sollte, stand er nur wie angewurzelt da. Er hatte die Songs vergessen, er hatte die Akkorde vergessen, und er war sich nicht einmal mehr sicher, was das Stück Holz zu bedeuten hatte, das an einem Band um seinen Nacken hing und vor seinem Bauch baumelte. Während er dastand und mit seinem Instrument ein langweiliges Feedback-Gejaule produzierte, hörte ihm die Band geduldig zu. Es endete damit, daß Kurt ein Freund der Gruppe blieb, doch er sollte kein Melvin werden.

Außerhalb dieses Kreises wurde Kurt nie so richtig akzeptiert. Unter seinen übrigen, neu hinzugewonnenen Freunden befand sich auch ein Schwuler namens Myer Loftin. Die Beziehung zwischen den beiden war zwar tiefgründig, doch sie blieb platonisch, was Kurt allerdings nicht vor Beschimpfungen und Verunglimpfungen bewahrte, als die anderen Kids herausbekommen hatten, daß Loftin sich von seinem eigenen Geschlecht angezogen fühlte.

Kurt fand sich ziemlich schnell damit ab, in der Schule als Schwuler zu gelten; resigniert gab er sich seinem Schicksal hin und ließ die immer ordinäreren Witze über sich ergehen, die nach dem Sport im Umkleideraum erzählt wurden. Er hörte Sprüche wie »Halt deinen Arsch bedeckt und bück dich nicht runter«, als ob Schwulsein automatisch mit wilder Promiskuität gleichzusetzen sei und als ob Kurt sich von allem angemacht fühlen würde, das in einem Suspensorium steckte. In Wahrheit war es jedoch so, daß Kurt die High School fast beendet und dabei nahezu enthaltsam gelebt hatte; in seinem letzten Jahr war er einmal kurz davor gewesen, seine Unschuld zu verlieren, als er ein Mädchen namens Jackie in sein Zimmer eingeschmuggelt hatte. Die beiden waren kurz davor gewesen, den Akt zu vollziehen, als plötzlich das Licht anging, Wendy in der Tür erschienen war und gefaucht hatte: »Schmeiß sofort die alte Schlampe hier raus!« Und damit war die damalige Romanze für ihn unwiederbringlich verloren gewesen.

Eine Zeitlang genoß Kurt sogar, daß man ihm unterstellte, homosexuell zu sein; es gefiel ihm, daß er bekannt war, auch wenn er die meiste Zeit von seinen Sportfreunden gehänselt oder von irgendwelchen Tyrannen unterdrückt wurde. »Ich begann langsam, stolz darauf zu sein, daß ich als schwul galt, obwohl ich's gar nicht war«, sagte er.

Eine Hommage an Kurt Cobain (1967–1994)

Fans von Kurt Cobain erweisen dem Sänger im Park neben seinem Haus die letzte Ehre (Foto von Curt Doughty)

In der ›Garage‹, die sich neben dem Haus von Nirvanas Superstar befindet, fand ein Elektriker am 8. April 1994 die Leiche von Kurt Cobain. Als Todesursache nannte die Polizei von Seattle in ihrem Bericht »sichtbare Selbstverstümmelung durch eine Gewehrschußwunde«. (Foto von Curt Doughty)

An dem Tag, an dem die Tragödie bekannt wurde, überschritten Freunde von Kurt Cobain zusammen mit ihren Familien die Polizeiabsperrung, um das Haus des Verstorbenen zu besichtigen. (Foto von Curt Doughty)

Am Freitagmorgen wurde der Leichnam von Kurt Cobain aus dem Haus geholt und in das Auto des Leichenbeschauers getragen. (AP/Wide World Photos)

Den ganzen Tag über legten Fans im Garten des Hauses Blumen nieder und zündeten Kerzen an. Sicherheitsbeamte schützten die Familie und ihr Grundstück (Foto von Curt Doughty)

Am Samstagmorgen liegen vor der Eingangstür von Kurt Cobains Haus noch mehr Blumen zu seinem Gedenken. Auf dem Gebinde stehen die Worte: »Wir lieben dich, wir werden dich vermissen. Meg, Elisa und Shira.« (AP/Wide World Photos)

Kurt Cobains Tod überschattete die Jahresparty der Plattenfirma Sub Pop (sie war für Samstag, den 9. April, geplant). Nachdem die Tragödie entdeckt worden war, verwandelte sich die Party in eine Totenwache. Vor dem berühmten Crocodile Café von Seattle drängelten sich Reporter, um Kommentare aufzuschnappen. (Foto von Curt Doughty)

Die Gedenkfeier im Seattle Center am Sonntag: Trauernde Fans zündeten Kerzen an und sprachen leise Gebete. (Foto von Curt Doughty)

Manchmal fiel es Kurt aber auch sehr schwer, die Fassade aufrecht zu erhalten, obwohl er natürlich genau wußte, daß es genau seine vorgespielte Homosexualität war, die ihn in seinem Schulalltag von all den angepaßten Widerlingen und Sportlertypen unterschied, die er zutiefst verachtete. Seine Freundschaft zu Myer Loftin fand ein wohlwollendes, aber abruptes Ende, weil Kurt mit den Beschimpfungen, die ihm diese Freundschaft eingebracht hatte, dann schließlich doch nicht mehr umgehen konnte.

Später waren die Leute in Kurts Umfeld ziemlich überrascht, als sie erfuhren, daß er jene Freundschaft, die ihm so viel bedeutet hatte, aus eigennützigen Motiven beendet hatte; sie wiesen auch darauf hin, wie wenig es Kurts eigentlichem Charakter entsprach, sich widerspruchslos dem Druck der allgemeinen Meinung zu beugen. Vielleicht gab Kurt diesen Leuten auch recht und verzieh es sich nie, daß er damals den einfachen Weg gewählt hatte.

Noch heute kann man die Leute mit dem Thema Homosexualität auf absurde Weise schocken, und es sind nicht nur die Hohlköpfe, die immer schnell dummdreiste Antworten parat haben – man muß nur an den Wirbel denken, den Präsident Clinton erzeugte, als er den Vorschlag machte, Schwulen den Eintritt in die Armee zu ermöglichen. Für Kurt, der ja immer nach neuen Möglichkeiten suchte, mit denen er die Leute schocken konnte, war es ein Geschenk Gottes, als man ihm vorwarf, schwul zu sein – ein Geschenk, das er achtlos in den Wind schlug.

Aber schlug er es in den Wind, weil ihn manche Leute schlecht behandelten? Oder vielmehr, weil die Fassade, hinter der er sich verbarg, wirklich nicht mehr war als eine bloße Fassade? Fast genau zehn Jahre später sollte Kurt noch einmal mit einer Lüge leben müssen; mit den letzten Worten, die er je zu Papier bringen sollte, schwor er: »Für mich ist es das schlimmste Verbrechen, Leute durch Manipulation oder Vortäuschung von falschen Tatsachen vor den Kopf zu stoßen.« 1984 konnte Kurt das Spiel beenden, bevor es zu spät war. Doch 1994 sah er keine Möglichkeit mehr auszusteigen – für ihn gab es nur noch einen Weg. Für Kurt Cobain war Konformismus etwas Abscheuliches. Doch vorgetäuschter Konformismus war für ihn noch eine Nummer schlimmer.

Das Thema Homosexualität hat Kurt immer fasziniert; er hat allerdings nie richtig klargestellt, ob die Homosexualität nun ein wirklicher Teil seines eigenen Lebens war oder ob er sie nur als Waffe gegen andere benutzte. Eines steht allerdings fest: Obwohl er nach eigenen Angaben in der Vergangenheit homosexuelle Affären gehabt hat – und nach der vielverbreiteten Behauptung seiner Frau Courtney Love hat Kurt »mit jedem zweiten Typen aus Seattle herumgemacht« – hatte er keinerlei Probleme damit, auf der Bühne Frauenklamotten zu tragen oder das Spiel sogar noch weiterzutreiben.

»Ich stehe dem weiblichen Wesen auf jeden Fall näher als dem männlichen – jedenfalls näher als der amerikanischen Vorstellung davon, wie ein Mann angeblich zu sein hat«; dies war eine typische Äußerung von Kurt. Das Video »In Bloom«, auf dem Kurt in vollem Partylook in Frauenkleidern auftritt, wurde schnell zu seinem Markenzeichen. Freimütig gab er der Schwulen-Presse etliche Interviews und ermutigte offensichtlich auch seine Frau Courtney dazu, es ihm gleichzutun.

Als Nirvana zum ersten Mal im Fernsehen zu sehen war – es war im Januar 1992 in der Sendung *Saturday Night Live* – küßten sich Kurt und Chris Novoselic, der Baßspieler von Nirvana, vor laufender Kamera; damit schloß sich auf gelungene Weise ein Kreis, der sich schon 1980 aufgetan hatte, als Kurt zum ersten Mal die B52s gesehen hatte. Ein paar Monate zuvor war Kurt auf MTV in der Heavy-

Metal-Spezialsendung *Headbangers Ball* interviewt worden, zu der er in einem strahlend gelben Festkleid erschienen war. »Ich dachte, das hier sei Headbangers *Ball*«, säuselte er, bevor er Chris rügte, weil ihm dieser kein Mieder mitgebracht hatte.

Jede dieser Gesten zielte direkt in die Herzen der verklemmten Spießer von Aberdeen – also der gleichen Leute, die Kurt bewußt provozieren wollte, wenn er etwa bei einem frühen Nirvana Konzert auf der Bühne stand und sich den Nacken rot angemalt hatte.* Doch zum damaligen Zeitpunkt lagen derartig dreiste Provokationen noch in weiter Ferne. Zunächst mußte Kurt einfach erst mal irgendwie mit seinem Leben klarkommen.

Im Juni 1985 sollte er an der Weatherwax High School seinen Abschluß machen und in der Datenbank der Schule verewigt werden, ohne auch nur einen einzigen Fleck an den Wänden hinterlassen zu haben, der dort an seine Existenz hätte erinnern können. Im Weatherwax-Jahrbuch sollte er auch noch erscheinen, doch allen gutgemeinten Überredungsversuchen, einen Beitrag für die Schülerzeitung *Ocean Breeze* zu schreiben, konnte er sich mit Erfolg widersetzen. Es gab damals komplette Kurse, die er ungeniert geschwänzt hatte, weil sie ihm entweder zu langweilig gewesen waren oder weil er einfach zu bedröhnt gewesen war, so daß er die Prüfungen ohnehin gnadenlos verhauen hätte. Sechs Monate vor seinem Abschluß merkte er dann, daß er mit seinen Punkten zwei Jahre im Rückstand war.

Für kurze Zeit legte er sich mächtig ins Zeug. Und als ihm Mr. Hunter, sein Kunstlehrer, vorschlug, er solle doch an einigen College-Auswahlverfahren für die Vergabe

* *Anm. d. Übers.:* ein ›redneck‹ (roter Nacken) gilt als verächtliche Bezeichnung für Leute mit einem kleingeistigen, reaktionären Weltbild, im weiteren Sinne auch ›Spießer‹.

von Stipendien teilnehmen, da willigte Kurt ein und bekam sogar zweimal den Zuschlag. Doch sein Herz hing nicht an diesen Dingen.

Kurt vertrieb sich die Stunden jetzt oft mit wohltuender Meditation; er träumte zum Beispiel davon, wie er bestimmte Lehrer umbringen könnte, am besten während all ihre ihnen treu ergebenen Schüler ihm dabei voller Entsetzen zusahen. Außerdem hatte er den Entschluß gefaßt, eine Musiker-Karriere zu machen; nun mußte er nur noch seine Familie davon überzeugen, ihm dabei besser nicht in die Quere zu kommen.

Doch Kurt hatte es nicht leicht. Nach einem ernsten Streit mit Wendy, der an dem Abend, an dem Kurt seine Unschuld verlor (oder auch nicht) durch ihre Bemerkung über die ›Schlampe‹ noch verstärkt wurde, raste er davon und suchte im Haus eines Freundes aus der Nachbarschaft Zuflucht; sein Aufenthalt dort endete, als die verwirrte Mutter seines Gastgebers bei Wendy anrief, um ihr mitzuteilen: »Entschuldigen Sie bitte, aber ich glaube, daß er bei uns eingezogen ist!«

Nach diesem Zwischenfall zog Kurt auf die Einladung seiner Stiefmutter hin wieder zurück nach Montesano. Don war weniger davon überzeugt, daß das die beste Lösung war; der alte stolze Mr. Cobain war nämlich davon überzeugt, daß er genau wußte, was das Beste für seinen Sohn wäre, und er hatte für die Großzügigkeit seiner Frau nicht besonders viel übrig. Doch er konnte weder seinen eigenen Sohn abweisen, noch konnte er ihm die gleichen Vorschriften machen wie früher, denn der Junge war jetzt immerhin beinahe 18 Jahre alt.

Deshalb wurde nur eine einzige, aber unumstößliche Regel festgelegt. Kurt sollte so lange in Dons Haus leben dürfen wie er wollte – aber nur unter der Bedingung, daß er seine Musik aufgab. Vielleicht hatte Don geglaubt, daß das den Jungen abschrecken und daß er nie wieder über seine Türschwelle treten würde. Aber noch wahrscheinlicher ist es, daß er wirklich gedacht hatte, Kurt würde nun doch noch endlich vernünftig werden; und als er dann tatsächlich ein schüchternes, aber freundliches ›Ja‹ zur Antwort bekam, Kurt dann mit seiner kostbaren Gitarre gehorsam zum Pfandhaus trottete und schließlich, immer noch lächelnd, mit einem kleinen Bündel von Geldscheinen zurückkam – da glaubte Don wohl für einen Moment lang tatsächlich, daß er gewonnen hatte.

In Wahrheit verharrte er länger als nur für einen kurzen Moment lang in dem Glauben. Ein paar Tage nach seiner Ankunft in Montesano nahm Kurt an der Aufnahmeprüfung für die Navy teil und bestand mit Glanz und Gloria. Don strahlte vor Stolz, und er konnte seine Aufregung nicht verbergen, als am gleichen Abend ein Werbeoffizier vorbeikam, dessen Aktentasche mit Werbeprospekten überquoll. Obwohl der Gentleman es mit keinem Wort erwähnte, hatte Don den deutlichen Eindruck, daß Kurt bei dem Test das beste Punkteergebnis erzielt hatte, das es in Montesano je gegeben hatte, ja wahrscheinlich sogar das beste im ganzen Land. Wenn es einen Jungen gab, der für ein Leben auf hoher See geeignet war, dann war es in seinen Augen Captain Cobain. Kurt saß höflich neben den beiden Männern und lächelte und nickte. Die Navy hatte sicherlich ihren Reiz.

Am nächsten Abend kam der Werbeoffizier wieder. Er hatte am Tag zuvor ein paar Prospekte zurückgelassen und sozusagen den Samen ausgestreut; nun wollte er sehen, ob er die Ernte einholen konnte.

Kurt war im Keller, als der Navy-Offizier ankam. Seine Gedanken schweiften gerade durch die exotischen Länder, in welche die Navy ihn, wie sie versprochen hatte, führen würde; er träumte von seinen zukünftigen Kollegen auf hoher See – und davon, wie absolut wunderbar, herrlich und hirntötend stark der Joint war, den er gerade rauchte. Und er träumte vom Baseballspielen. Er kämpfte um den Sieg. Er wollte Schul-Champion werden ... Dann erhob er sich, streckte sich einmal und wußte plötzlich genau, was er zu tun hatte.

Oben unterhielten sich Don und der Werbeoffizier noch ganz aufgeregt miteinander. Don legte sich mächtig ins Zeug. Ja, Kurt *war* einfach der ideale Mann, gut, es hatte mal ein paar Probleme mit ihm gegeben, aber das lag dran, daß seine Mutter und er, Don, sich hatten scheiden lassen, und das war Kurt zu Herzen gegangen. Und dann hatte er sich einer üblen Truppe angeschlossen (Bum-Bum-Rockmusik), eben solche Sachen, über die Eltern und Arbeitgeber sich das Maul zerreißen, doch im Grunde seines Herzens ist er ein guter Junge, ein harter Arbeiter und ziemlich intelligent, doch das können Sie ja an seinen Prüfungsergebnissen sehen. Dann entstand eine kurze Pause, und Kurt marschierte in den Raum.

»Da bist du ja, Kurt, wir –« Die Worte hingen in der Luft, doch Kurt mähte sie zu Boden, indem er einfach nur sagte: »Nein, danke.« Dann drehte er sich um und verließ den Raum.

Vom Keller aus konnte Kurt hören, wie der Werbeoffizier die Haustür hinter sich zuschlug und Don vor Ärger und Entrüstung schnaufte. Während Kurt fortfuhr, seine Sachen zusammenzupacken, huschte ein Lächeln über sein Gesicht. Er schwor sich, daß er nie wieder zurückkehren würde, wenn er einmal die Tür hinter sich zugeschlagen hatte. Doch es ging ihm noch ein anderer Gedanke durch den Kopf. »Wie gut, daß ich ihnen nicht erzählt habe, daß meine Schulfreunde mich Schwuchtel genannt haben!«

4

Den Namen Frances Farmer hörte Kurt zum ersten Mal 1978, als er noch zur Schule ging. Damals war gerade ein Buch über ihre Lebensgeschichte erschienen; der Titel lautete SHADOWLAND. Ein in Seattle lebender Autor hatte die Biographie einer in Seattle geborenen Schauspielerin niedergeschrieben, doch es muß etwas anderes dazu geführt haben, daß Kurt sich das Buch des Autors William Arnold in der High-School-Bibliothek auslieh und zu lesen begann; vielleicht lag es an den Augen der Frau auf dem Foto des Schutzumschlages, vielleicht reizte ihn aber auch der Klappentext.

Heute macht William Arnold kein Geheimnis aus der Tatsache, daß er von Frances Farmer ›besessen‹ war, und das läßt schon seine eigene Zusammenfassung des Buches erkennen: »Es ist die Geschichte eines Reporters, der sich in eine tote Frau verliebt, der nach Anhaltspunkten für ihren Märtyrertod sucht und diese auch findet, dem aber letztendlich klar wird, daß ›die Wahrheit über ihr Leben‹ ... wahrscheinlich unbegreiflich ist.«

Genauso sei es mit Kurt Cobains Leben gewesen, schrieb William Arnold im April 1994. Und doch fühlte er sich von dem tragischen Tod dieses jungen Mannes auf komische Weise betroffen – eines Mannes, dem er nie begegnet war, mit dem er nie gesprochen hatte und dessen Anrufe, die an seinem eigenen Schreibtisch beim *Post Intelligencer* gelandet waren, seit über einem Jahr unbeantwortet geblieben waren; Cobain wollte ihn offensichtlich über Frances Farmer befragen.

William Arnold schrieb, daß er für den Tag, an dem der Selbstmord von Kurt entdeckt wurde, in seinem Terminkalender an erster Stelle den folgenden Eintrag vermerkt hatte: »KC – den Nirvana-Typen zurückrufen.« Dieser Vermerk stand in Wirklichkeit schon seit ›Wochen oder sogar seit Monaten‹ auf der Liste, und William Arnold kann es sich noch immer nicht erklären, warum er nie zurückgerufen hatte. Vielleicht lag es ganz einfach daran, daß seine eigene Begeisterung für Frances Farmer verebbt war, als um die private Welt, in der er ihr Leben eingebettet hatte, plötzlich eine öffentliche Schlacht entbrannte, und er nicht nur mit Gerichtsklagen überzogen, sondern nach wie vor mit sogenannten ›leidenschaftlichen‹ Anfragen von irgendwelchen Farmer-Fans gequält wurde.

William Arnold und Kurt Cobain waren nicht die einzigen geblieben, die versucht hatten, die Umstände des tragischen Lebens der Frances Farmer zu ergründen; Arnold behauptet, daß viele andere, viele von ihrem Schicksal beunruhigte Menschen in der Geschichte der Farmer eine »Rechtfertigung für ihre Überzeugung sahen, daß sie ebenfalls aufgrund ihrer besonderen Fähigkeiten verfolgt wurden.«

Kurts Interesse an Frances Farmer war allerdings tiefgründiger als das der meisten anderen Leute. Neben vielen anderen Dingen glaubte er, daß er irgendwie mit dem Richter verwandt war, der Frances Farmer in den frühen vierziger Jahren in die Irrenanstalt Western State Hospital in Tacoma eingewiesen hatte, und er fühlte sich deshalb mitschuldig an ihrem Schicksal.

Die Geschichte der Frances Farmer gehört zu den grauenhaftesten Geschichten, die es je aus Hollywood zu erzählen gab. Sie war 1914 geboren worden; als frühreifes Kind interessierte sie sich für viele Dinge, angefangen vom gerade aufkommenden Feminismus bis hin zum offenen Kommunismus; sie rüttelte die konservative und spießige Gesellschaft von Seattle schon auf, bevor sie überhaupt die Schule verließ – zuerst mit einem Aufsatz, in dem sie die gesamte Vorstellung der organisierten Religionen grundlegend in Frage stellte und dann durch ihre Reise in die frühere UdSSR, die von der örtlichen kommunistischen Partei finanziert wurde.

Als Frances Farmer dann in die Vereinigten Staaten zurückkehrte, zog sie schließlich nach Los Angeles und debütierte dort 1936 in dem wenig bekannten Film *Too Many Parents*. Zwischen 1936 und 1942 sollte sie in vierzehn weiteren Filmen mitspielen, unter anderem zusammen mit Schauspielern wie Bing Crosby und Martha Rays (*Rhythm on the Range* – 1936), Walter Brennan (*Come and Get It* – 1936, dt.: *Nimm, was du kriegen kannst*), Cary Grant (*The Toast of New York* – 1937), Ray Milland (eine Bearbeitung von Robert Louis Stevensons (*The Ebb Tide* – 1937, dt.: *Die Insel der verlorenen Schiffe*), Patrick O'Brien (*Flowing Gold* – 1940, dt.: *Ultimatum für Bohrturm L9*) und Tyrone Power (*Son of Fury* – 1942, dt.: *Abenteuer in der Südsee*).

Doch während ihr Stern in Hollywood stetig stieg, machte Frances Farmer sich gleichzeitig auch etliche mächtige Feinde. Da sie nie ein Blatt vor den Mund nahm und zu all den Lastern, die man ihr ohnehin schon ankreidete, auch noch lesbisch war, war sie den meisten sozialen Schichten schließlich ein Dorn im Auge; gegen Ende des Zweiten Weltkrieges war es laut William Arnold dann soweit, daß »der rechte Flügel des Establishments von Seattle ihre Verwicklung in so viele persönliche Probleme nutzte, um sie schleunigst nach Western State, in die Anstalt für Geisteskranke, abzuschieben – und das in den trostlosesten Tagen, die die Anstalt je erlebt hatte«.

In den frühen fünfziger Jahren wurde Frances Farmer schließlich aus der Anstalt entlassen, doch war sie längst nicht mehr die alte – die frontale Leukotomie, eine Hirnoperation, die von der damaligen medizinischen Wissenschaft für die sicherste Heilmethode bei Geisteskrankheiten angesehen wurde, trug sicher ihren Anteil dazu bei. 1958 übernahm Frances Farmer zum letzten Mal eine Rolle, und zwar in dem Film *The Party Crashers*, doch ihre Karriere war am Ende. Sie starb 1970 im Alter von 56 Jahren an Krebs.

William Arnold zweifelte nie daran, daß Kurts Begeisterung für Frances Farmer – egal ob sie nun krankhaft war oder was auch immer – über die einfache Neugier weit hinaus ging. »Von seinen punkartigen, ehrlich gemeinten Schocker-Aktionen bis hin zu seinen Gewaltausbrüchen könnte man Kurt Cobains Verhalten so interpretieren, daß er sich vorgenommen hatte, mit seinen Aktionen den Geist von Frances Farmer zu verkörpern.«

Von dieser Theorie war William Arnold noch überzeugter, als er das Lied hörte, das Kurt schließlich für Frances Farmer – und vielleicht auch für sich selbst – geschrieben hatte, nämlich den Song »Frances Farmer Will Have Her Revenge on Seattle«, der auf seiner Platte IN UTERO erschien. Für die meisten Beobachter, Kritiker und Fans war das Lied einfach nur eine Hommage an eine Schauspielerin, von der die meisten noch nie etwas gehört hatten. Doch William Arnold hatte das Gefühl, daß hinter jenen Zeilen, die Kurt ihr gewidmet hatte, etwas Tieferes und viel Dunkleres verborgen war. »Sein Lied erschien mir wie ein angekündigter Selbstmord, fast wie eine Darlegung, daß er vorhabe, selbst den Märtyrertod zu sterben, um den Tod von Frances Farmer zu rächen.«

Auch wenn man im nachhinein immer schlauer ist, so scheint dies doch eine recht weithergeholte Theorie zu sein; daß ein Autor, dem die Musik von Kurt kaum vertraut war, die weitreichenden Schlußfolgerungen schon volle sechs Monate vor dem Tod des Musikers gezogen hat, kommt allerdings einer furchterregenden Vorahnung gleich. In der wirklichen Ankündigung seines Selbstmordes verwies Kurt nicht auf Frances Farmer, doch das war vielleicht auch gar nicht nötig. Vielleicht hatte er den Hinweis tatsächlich schon früher gegeben.

Nichtsdestotrotz sollte man das Teenager-Interesse von Kurt an Frances Farmer nicht zu wichtig nehmen. Der Tod ist ein mächtiges geistiges Anregungsmittel, vor allem für Leute, die zu den Verstorbenen eine besondere Beziehung haben. Es gibt jedenfalls keinen Beweis dafür, daß Kurt wirklich daran geglaubt hat, die Nemesis der Frances Farmer stehe mit seinem eigenen Schicksal in irgendeiner Verbindung, so sehr ihn diese Annahme auch umgetrieben haben mochte. Und in Kurts langsam entstehendem Repertoire von Helden, Idolen und potentiellen Vorbildern nahm Frances Farmer eher genau so eine Position ein wie etwa Jim Morrison, Marilyn Monroe, Marc Bolan und viele andere, und damit stand er auf dieselben Stars wie alle anderen Teenager auch. Natürlich werden die Jugendlichen auch durch die Tragödie angerührt, die darin liegt, daß mit ihren Stars so viel unerfüllte Kreativität einfach ausgelöscht wurde; und schließlich wird der Tod selbst von vielen romantisch verklärt. Nicht umsonst war Sylvia Plath der Liebling von vielen Millionen Jugendlichen!

Doch es ist unbestreitbar, daß die persönlichen Interessen von Kurt zu der Zeit, als seine Schulzeit zu Ende ging und seine frühen Jahre bei Nirvana anbrachen, tatsächlich eine bemerkenswerte Wende ins Tragische, Groteske und sogar ins Abscheuliche nahmen.

Er war zum Beispiel fasziniert von Puppen. Jahre später, bei einem Beutezug durch ein paar kleine Antiquitätenläden im Londoner Westen, sagte er: »Ich stieß plötzlich auf etwas anderes, auf etwas, nach dem ich zwanghaft gesucht hatte – und es waren wirklich alte, vergammelte, marionettenähnliche, in Holz geschnitzte Puppen, die es mir angetan hatten; und zwar jede Menge davon.«

Kurt erzählte, daß er oft davon geträumt hatte, »eine ganze Schiffsladung voller Puppen zu finden« – und an der felsigen Pazifikküste, an der er lebte, lag es ja durchaus im Bereich des Möglichen, einen solchen, bei einem Schiffbruch verlorenen Schatz zu entdecken. Dazu kommt, daß Puppen durchaus etwas an sich haben, das Gedanken an den knarrenden Frachtraum eines alten Frachtschiffes wachwerden läßt. Vielleicht hing die Faszination, die von den Puppen ausging, mit den Legenden zusammen, nach denen sich die auf dem Schiff festsitzenden Seeleute ihre freie Zeit damit vertrieben, für ihre zu Hause wartenden Kinder Holzfiguren zu schnitzen; oder es lag einfach an der Fülle der uralten Horrorgeschichten, in denen solche Puppen lebendig werden konnten ...

Von solchen Geschichten sprachen Kurt und sein Freund Jesse Reed häufig, wenn sie gemeinsam in dem Apartment waren, das sie sich für eine Weile teilten. Kurt hatte die Gastfreundschaft von Jesse Reeds frommen Eltern längst überstrapaziert, und er hatte eine Menge von schlecht bezahlten, unbefriedigenden Jobs erledigt, um wenigstens immer genug zum Essen zu haben.

Es war durchaus nicht der normale Schmutz, der jeden Besucher dieser beiden jungen Männer zusammenfahren ließ, die nun zum ersten Mal in ihrem Leben in einer eigenen Wohnung hausten und die keinerlei Ahnung davon hatten, was eigentlich Hausarbeit bedeutete – vielmehr war es die makabre Wanddekoration, die den zufällig vorbeischauenden Besucher am meisten zusammenfahren ließ; eine Dekoration, die aus verunstalteten und zerstückelten Puppen bestand, welche von den Wänden, von der Decke und von den Fensterrahmen herabhingen. Oder es waren die schaurigen Bilder von Deformierung und Tod, mit denen Kurt die Wohnung ausgestattet hatte; vielleicht war es aber auch der bestialische Gestank, der die Augen eines jeden Gastes sofort angeekelt zu den

Puppen wandern ließ, weil er vielleicht dachte, daß eine von ihnen langsam im Begriff war zu verwesen.

Einer dieser Gäste war Chris Novoselic, den es 1979 zusammen mit seinem jüngeren Bruder und seinen in Kroatien geborenen Eltern von Kalifornien nach Aberdeen verschlagen hatte.

Er war ein Riese von einem Jungen und daher nicht zu übersehen; in der Schule war er größer als alle seine Mitschüler, und als Kurt ihn und seine Freundin (und spätere Ehefrau) im Proberaum der Melvins – dem einzigen Ort, an dem man sich in Aberdeen aufhalten konnte – kennenlernte, verstanden sich die beiden auf Anhieb. Und als Kurt aus seiner Wohnung geworfen wurde, weil er die Miete nicht bezahlt hatte, war der Kastenwagen von Chris ein Ort, den Kurt als sein Zuhause bezeichnete. Einer seiner anderen Lieblingsplätze befand sich unter der North Aberdeen Bridge, eine Brücke, die nur einen Katzensprung vom Haus seiner Mutter entfernt war.

Wendy wußte von den Sorgen ihres Sohnes, doch sie war offensichtlich davon überzeugt, daß sie nichts für ihn tun konnte. Ihre scheinbare Sorglosigkeit lag angeblich an ihrer neuen Psycho-Therapie, der sogenannten ›Tough-Love-Kur‹, die in Amerika gerade in Mode gekommen war.

Die Behandlung schließt Dinge ein, die noch weit über das hinausgehen, was der Name der Kur impliziert; ›Tough Love‹ (knallharte Liebe) ist eine tiefgreifende Therapie, die auf die Gefühlsebene zielt und bei der man lernen soll, seine Bindungen zu einem lästigen oder gewalttätigen, aber geliebten Menschen komplett abzubrechen, und zwar sowohl Bindungen finanzieller als auch emotionaler Art. Diese Verhaltensweise soll dazu führen, daß derjenige dadurch zu einer Veränderung seines Lebensstils gezwungen wird. Die dem Programm zugrundeliegende Botschaft ist einfach. Sie lautet: Schwimm oder geh unter – aber entscheide selber, was du machen willst. Das mag banal klingen, doch man sollte es ruhig mal versuchen.

Kurt ging nicht unter, sondern er schwamm – oder er trat zumindest Wasser. Man konnte tatsächlich den Eindruck gewinnen, daß er die Erfahrung genoß und sogar in gewisser Weise stolz darauf war, ohne die Liebe und ohne die Unterstützung seiner Mutter zu überleben; und seine totale Entfremdung von allen Wertvorstellungen seiner Erziehung, vom Moralkodex der gehobenen Arbeiterklasse also, betrachtete er als eine echte Leistung.

Kurt überlebte, obwohl er kein Dach über dem Kopf und keine Arbeit hatte und obwohl er oft hungerte und fror – und er überlebte nach seinen eigenen Punk-Maßstäben, nämlich mit Stil. Außerdem brach Wendy die Beziehung zu Kurt nie vollständig ab. Hin und wieder bereitete sie ihm sogar ein Essen zu, und wahrscheinlich wußte sie auch, daß er sich manchmal, wenn sie zur Arbeit war, heimlich ins Haus schlich, um auf dem Dachboden zu pennen.

Seine Tage verbrachte Kurt in der öffentlichen Bücherei von Aberdeen, wo er schlief, las und in seinem Notizbuch herumkritzelte; abends war er oft mit dem Bassisten Dale Crover und mit dem Drummer Greg Hokanson zusammen und probierte seine neuesten Kompositionen aus. Ohne daß er sich selber voll darüber im klaren war, hatte Kurt seine erste Band gegründet; und gleichzeitig hatte er auch noch ein neues Dach über dem Kopf gefunden. Er zog bei der Familie Hokanson ein. Ihren neuen Gast beschrieb Gregs Mutter später mit den Worten: »Es war, als lebte man mit einem Teufel zusammen.« Doch sie räumte auch ein, daß sie von Kurts Intelligenz durchaus beeindruckt war, und ihr Sohn fügte hinzu: »Kurt las mehr Bücher als irgend jemand sonst, den ich kannte.«

Greg erinnert sich noch daran, wie er einmal den Videofilm *Clockwork Orange* von Stanley Kubrick ausgeliehen und abends zusammen mit Kurt gesehen hatte. »Am nächsten Tag ging Kurt sofort in die Bücherei und holte sich das Buch; dann las er es erst einmal und dann noch ein paar weitere Male durch, und später las er dann *alles*, was Anthony Burgess je geschrieben hat.« Später sagte Kurt, dies sei wohl der Anfang seiner Begeisterung für Autoren gewesen, deren Namen mit einem ›B‹ beginnen: Burgess, Beckett, Bukowski – und er hat sie alle gelesen!

Fecal Matter – so hatte Kurt seine Band getauft – spielte nur wenige Male, unter anderem einmal in der Spot Tavern im nahegelegenen Moclips als Vorgruppe bei einem Konzert der Melvins; es war noch bevor Hokanson bei Fecal Matter hinausgeworfen wurde und als Matt Lukin der Band dabei half, in Tante Marys Haus ein Demo-Band aufzunehmen. Viele Lieder von diesem allerersten Demo-Band schwebten Kurt zumindest noch teilweise im Kopf herum, als er sein erstes Album mit Nirvana produzierte – ein trauriges Stück ohne Gesang mit dem Namen »Downer« erschien sogar unter seinem ursprünglichen Titel.

Im Laufe des folgenden Jahres verhielt es sich mit Kurts musikalischem Ehrgeiz wie mit seinem übrigen Leben – beides war einerseits gut organisiert, andererseits aber auch ziemlich durcheinander. Er wußte genau, was er einmal erreichen wollte, und er kannte jeden einzelnen Klang, den er seiner Linkshändergitarre entlocken konnte, doch was ihn letztendlich wirklich bei der Stange hielt, war allein seine Hartnäckigkeit, die sogar von den ungeheuren Mengen an Acid nicht beeinträchtigt wurde, die er in jenem Sommer nach seinem Schulabschluß in sich hineinmampfte.

Dann wurde eine zweite *Ad-hoc*-Band mit dem Namen Brown Towel gegründet (oder Brown Cow, wie der Name fälschlicherweise auf einem Werbeplakat geschrieben wurde), und dadurch kam Kurt sowohl mit Dale als auch mit Buzz Osbourne zusammen; doch es sollte noch länger als ein Jahr dauern, bis der einzige Mensch, mit dem Kurt wirklich zusammenspielen wollte – nämlich Chris Novoselic – endlich Kontakt zu ihm aufnahm, um über das Demo-Band von Fecal Matter zu sprechen, das Kurt ihm vor langer Zeit gegeben hatte. Die Aufnahme sei ›ziemlich gut‹, meinte Chris; Kurt und er sollten doch eine Band gründen.

Chris intervenierte – gelinde ausgedrückt – genau zur rechten Zeit. Denn Kurt schrieb zwar immer wieder Texte und probte auch fleißig, doch die Tatsache, daß er es immer wieder nicht schaffte, seine Musik so zu spielen, wie er sie wirklich hören wollte – dieses in seinen Augen permanente Versagen frustierte ihn zwar nicht direkt, sorgte aber doch dafür, daß er langsam auch noch nach anderen Möglichkeiten Ausschau hielt, um sich zu zerstreuen. In seinem Freundeskreis wurde Kurt für seine furchtlosen und unflätigen Graffiti-Sprühaktionen als eine Art Underground-Held verehrt; er dekorierte Aberdeen mit Sprüchen wie »Gott ist schwul«, »Nixon hat Hendrix umgebracht«, »Treibt Jesus ab« oder »Her mit den Homo-Sex-Regeln«, wobei die einzelnen Buchstaben seiner Worte metergroß auf der Hauswand einer Bank in der Innenstadt prangten.

Wegen seiner Schmierereien erschien Kurt zum ersten Mal in einem Polizeireport. Seine Mittäter Chris und Buzz Osbourne kamen noch einmal davon, doch Kurt wurde mit auf die Polizeiwache genommen und mußte dort seine Taschen ausleeren. Der diensthabende Beamte mag sich wohl über das seltsame Häufchen gewundert haben, das da aus den Mantel- und Hosentaschen des jugendlichen Delinquenten zum Vorschein kam: eine Dose Bier, ein Plektron, ein Schlüssel, ein Ring sowie unter anderem eine Kassette von einer Band mit dem Namen ›Millions of

Dead Cops‹ (Millionen toter Bullen). Das muß dem Polizisten runtergegangen sein wie Öl.

Wegen Vandalismus bekam Kurt eine Geldstrafe von 180 Dollar (die er natürlich nicht bezahlen konnte) sowie eine Haftstrafe von dreißig Tagen auf Bewährung aufgebrummt; diese Erfahrung war es dann, die ihn dazu ermutigte, sein Leben neu zu organisieren – wenn auch nur ein wenig. Er trat zunächst beim YMCA von Aberdeen einen Job als Hausmeister an und danach arbeitete er als Schwimmlehrer für Kinder. Larry Smith weiß eine erheiternde Geschichte darüber zu erzählen, wie er Kurt einmal sah, als er mit etlichen Kleinkindern spielte und sie kichernd in einem kleinen Garten herumführte. Als sich Larry Smith neun Jahre später bei der Zeremonie zum Gedenken an Kurt Cobain an seinen Stiefneffen erinnerte, beschrieb er ihn als eine Art »Rattenfänger, der die Kinder nicht mit einer Flöte, sondern durch seine Leidenschaft in seinen Bann zog«.

Von dieser Leidenschaft war allerdings wenig zu spüren, wenn Kurt seinen alltäglichen – oder, besser gesagt, nächtlichen – Geschäften nachging. Neben seinem Graffiti-Sprühen und anderen, willkürlichen Vandalismus-Aktionen konsumierte er jede Menge Drogen, angefangen beim Acid bis hin zu codeinhaltigem Percodan und Heroin. Kokain mochte er nicht, weil er sich damit zu gesellig fühlte.

Der emotionale Zustand von Kurt schien sich zusehends zu verschlechtern. Sogar seine Freunde merkten, daß er ständig neue nervöse Macken entwickelte: er knackte mit seinen Knöcheln, er zuckte manchmal unwillkürlich, und sein ganzes Inneres war in Aufruhr. Neben seiner Musik, für die er sich unentwegt engagierte, schien ihn nur sein Becken voller Schildkröten zu interessieren, das er in seiner neuen Wohnung aufgestellt hatte; seine Mutter, die am Ende immer weniger für das ›Tough-Love-

Programm‹ übriggehabt und dann ganz damit aufgehört hatte, hatte auf der East Second Street ein kleines Häuschen mit vier Zimmern gemietet.

Die Schildkröten lebten eigentlich nicht viel besser als Kurt, allerdings gediehen sie gut, genau wie er. Er fütterte sie mit Hamburger-Fleisch, wechselte ihr Wasser, wenn es zu schmutzig wurde, und wenn er allein war, sich unruhig fühlte oder sich einfach langweilte, dann setzte er sich stundenlang vor ihr Bassin und betrachtete die Tiere, die wiederum ihn, Kurt, anschauten, und dachte sich, daß er und die Schildkröten wirklich vieles gemeinsam hatten. Beide verkrochen sie sich unter ihren Schutzpanzern, wenn sie sich bedroht fühlten, doch beide waren sie auch dort nicht wirklich sicher. Wie der Panzer der Schildkröte, der tatsächlich sehr empfindlich ist, war auch die Schutzhülle von Kurt kaum weniger verletzlich als das Innere, das sie eigentlich beschützen sollte.

Für Kurt war die Musik wie eine Therapie. In dem Moment, als er und Chris miteinander zu proben begannen, klickte etwas in ihm. Von da an erweiterte Kurt seinen Horizont, er fuhr nach Olympia, der Hauptstadt des Bundesstaates Washington, um sich dort neue Bands anzusehen oder einfach neue Leute kennenzulernen.

Viele von den Leuten mochte er nicht, und er langweilte sich, wenn er mit ihnen herumsaß und dem Gerede der selbsternannten Sprecher der Rock-Szene zuhören mußte, die gerade die Revolution planten, die natürlich im Gefolge der internationalen Bands wie Sonic Youth, Thee Mighty Caesars, den Vaselines und den Young Marble Giants oder sogar von der heimischen Truppe Beat Happening schon bald in die Stadt getragen werden würde.

Doch Kurt achtete immer genau auf die Bandnamen, die bei diesen Treffen fielen, anschließend holte er sich die Platten, wenn er sie irgendwo auftreiben konnte, und er kaufte sich fortan das Magazin *Op* (jetzt *Option*), um es von Anfang bis Ende durchzulesen. Außerdem hörte er regelmäßig das Campus-Radio KAOS des Evergreen State Colleges, und vielleicht träumte er sogar manchmal davon, daß er bei der coolsten aller coolen Plattenfirmen eine Scheibe veröffentlichen würde, die einfach nur ›K‹ hieß. Und ganz allmählich entwickelte er so sein eigenes Musik-Konzept.

Die erste Band, die Kurt und Chris zusammenzustellen versuchten, hatte den Namen Sell-outs, und sie spielte Titel von den Creedence Clearwater Revival, weil die beiden Jungen glaubten, daß sie auf diese Weise wenigstens regelmäßig Geld einspielen würden; doch gleichzeitig arbeiteten sie an anderen, ernsthafteren Projekten. Chris war bei der Sell-outs-Band gleichzeitig Gitarrist und Sänger, und Kurt spielte Schlagzeug; doch die Gruppe brach auseinander, als Kurt mit dem Bassisten Steve Newman aneinandergeriet.

Sie versuchten es noch einmal, doch diesmal mit Kurt als Gitarrist und Sänger und mit Aaron Burckhard, einem anderen Freund, als Bassisten. Aber es funktionierte wieder nicht; dabei war Aaron Burckhard diesmal dabei, als Chris und Kurt zum ersten Mal eine eigene Interpretation des Liedes »Love Buzz« von den Shocking Blue ausprobierten, das später einmal die erste Single von Nirvana werden sollte. Außerdem fiel das auf einer Party in Olympia geplante erste gemeinsame Konzert der Gruppe ins Wasser, weil die Polizei die Party beendete, bevor die drei Musiker überhaupt eingetroffen waren.

Aus den verknitterten Notizbuchseiten von Kurt ging schnell ein buntes Repertoire an Songs hervor, unter anderem zukünftige Nirvana-Hits wie »Spank Thru« und »Floyd the Barber«, abgedrehte Stücke wie »Aero Zeppelin« oder so bizarre Lieder wie »Gypsies, Tramps and Thieves«.

An irgendeinem unbekannten, aber fruchtbaren Ort

wurden auch die verschiedensten Ideen für einen Namen der Band geboren. Das Trio trat zunächst ein paar Mal als Skid Row auf, wobei die Musiker allerdings keine Beziehung zu der Heavy-Metal-Band mit dem gleichen Namen hatten. Skid Row war einfach der einheimische Name für den Stadtteil von Seattle, in dem die Holzfäller aus Seattle ihre Baumstämme von einem Hügel ins Wasser hinunterrollten.

Sie gaben auch Konzerte unter den Namen Ted Ed Fred oder Throat Oyster, Pen Cap Chew (was im übrigen auch der Titel eines ihrer ersten Lieder war), Windowframe und Bliss; ungefähr sechs Jahre später sollte in der Musikszene von Seattle noch einmal eine Band mit dem Namen Bliss auftauchen und dann sofort wieder in der Versenkung verschwinden, denn plötzlich erschien aus Toronto eine andere Band mit dem Namen Bliss und drohte mit furchtbaren Konsequenzen, falls ihre Mitstreiter ihre Namen nicht änderten. Nach langem hin und her einigte man sich dann irgendwann auf den Namen Nirvana. Jahre später beantwortete Kurt die Frage nach seiner eigenen Interpretation dieses Wortes; es bedeute: »Absoluten Frieden nach dem Tod.«

Kurt war inzwischen wieder einmal aus seiner Wohnung geflogen, weil er die Miete nicht bezahlt hatte, doch diesmal kannte er einen Ort, an den er gehen konnte; er zog bei seiner Freundin Tracy Marander ein, die in der North Pear Street in Olympia wohnte.

Kurt hatte in jener Lebensphase auf seinen Trips von Aberdeen in die Städte der Umgebung viele Leute kennengelernt, und so hatte er auch Tracy getroffen. Sie hatten beide eine Schwäche für Kitsch, und Tracys kleines Apartment quoll schon bald über vor lauter seltsamen Schrottartikeln aus irgendwelchen Billigläden; da waren durchsichtige anatomische Lehr-Skelette, die Kurt sorgfältig zusammensetzte und dann mit bizarren und farbigen inneren Organen füllte, und dann gab es natürlich auch noch Kurts eigene Kunstwerke: surreale Bilder, in die er aus Boulevardzeitungen ausgeschnittene Artikel hineinsetzte; darüber hinaus gab es in der Wohnung verunstaltete religiöse Ikonen, Puppen, die er künstlich hatte altern lassen, indem er sie in Lehm gebacken hatte, Bilder von mit Krankheiten befallenen Vaginen, die er aus medizinischen Fachbüchern ausgeschnitten hatte, oder tote Insekten.

In England gibt es einen Cartoon mit dem Namen *The Perishers;* er erschient dort schon seit Jahren, und sein Figuren-Ensemble ist in England längst Legende geworden. Dirty McSquirty ist die mit Abstand bekannteste der Figuren; Tag für Tag wandert er mit einer permanenten Wolke von Fliegen über seinem Kopf durch die drei oder vier Fortsetzungsteile, die regelmäßig im *Daily Mirror* erscheinen.

Kurt hatte Dirty McSquirty wahrscheinlich nie gesehen, doch er schien stolz darauf zu sein, auf Ungeziefer ebenfalls wie ein Magnet zu wirken – insbesondere nachdem er die Fliegenpapierstreifen entdeckt hatte, die er überall in seiner Wohnung aufhängen konnte, um seine sechsbeinigen Besucher aufzuspüren und zu töten.

Beobachtet wurde die gesamte Szenerie in Kurts Wohnung von seinem Plastik-Hausaffen Chim-Chim (den Namen hatte er nach einer Cartoon-Figur aus *Speed Racer* bekommen) sowie einem ganzen Zoo lebendiger Tiere, bestehend aus Ratten, Katzen, Kaninchen und natürlich seinen Schildkröten.

Nirvana spielte jetzt regelmäßig im Nordwesten der USA; den Ausstieg von Aaron Burckhard konnte die Band durch den Einstieg von Dale Crover auffangen, der sie im Studio bei der Aufnahme ihres ersten Demo-Bandes begleitete, das die Gruppe gemeinsam mit dem örtlichen Produzenten Jack Endino zusammenstellte. Die drei Songs

»Paper Cuts«, »Floyd the Barber« sowie eine neue Version von »Downer« (jetzt mit Text), die sie hier aufnahmen, landeten schließlich auf der Platte BLEACH, dem Debüt-Album der Band. Vier weitere Stücke erschienen später auf dem Raritätensampler INCESTICIDE. Kurt finanzierte die ganze Aufnahme, denn er arbeitete jetzt wieder als Hausmeister und putzte eine Zahnarztpraxis, aus der er sich, ohne das Wissen des Zahnarztes, regelmäßig eine ›Extrazulage‹ in Form von Lachgas mitnahm.

Jack Endino arbeitete gerne mit Nirvana zusammen und stand auch weiterhin mit Chris und Kurt in engem Kontakt. »Kurt Cobain war im Grunde einfach nur ein netter Junge, der es nicht mochte, berühmt zu sein«, sagte er. »Er war nicht so exhibitionistisch wie ein typischer Rockstar; und er war schon glücklich, wenn er seine Musik spielen konnte und einmal aus dem verdammten Aberdeen herauskam!«

Ihr Demo-Band schickten sie an jede unabhängige Plattenfirma, die Kurt in den Sinn kam; manchmal fand das Band seinen Weg auch auf eine andere, geheimnisvolle Weise auf den Tisch der Produzenten. Das hieß erst einmal, daß es *nicht* bei Sub Pop landete, die zu jenem Zeitpunkt lediglich Platten von Green River und Soundgarden veröffentlicht hatten. Kurt wußte sogar kaum von deren Existenz! Statt dessen leitete Jack Endino ein Demo-Band an Bruce Pavitt weiter, während Daniel House, der Leiter der Plattenfirma C/Z, in Seattle zur gleichen Zeit beschloß, Nirvana auf dem Album TERIYAKI ASTHMA einen Platz einzuräumen, der ersten in einer Reihe von zehn Platten mit jeweils vier Songs von vier unterschiedlichen Bands, die er im Laufe der nächsten neun Jahre veröffentlichen sollte.

Nirvana steuerte auf der Platte das Stück »Mexican Seafood« bei und sicherte C/Z damit einen Platz in der Geschichte, denn es war die erste Plattenfirma überhaupt, die je ein Stück von Nirvana veröffentlicht hatte; gleichzeitig war die Spirale der Alltagsroutine in Gang gesetzt worden, von den Kurt in den folgenden Jahren zusehends verfolgt werden sollte.

Als der Designer Art Chantry und der Schriftsetzer Grant Alden an der Plattenhülle für TERIYAKI ASTHMA arbeiteten, stellten sie plötzlich fest, daß sie gar nicht genau wußten, wie sich Kurts Name eigentlich schrieb. Sie riefen bei Daniel House an und erfuhren lediglich, daß er es ebensowenig wußte.

Lachend erzählte Grant Alden: »Wir kamen dann auf die denkbar absurdeste Schreibweise.« Doch Kurt gefiel diese Schreibweise seines Namens offensichtlich: Auf dem Plattencover von »Love Buzz«, der ersten wirklichen Single von Nirvana, erschien er als ›Kurdt Kobain‹. Scharfsichtige Journalisten zauberten ›Kurdt Kobain‹ noch Jahre später aus ihren Plattenarchiven hervor, um damit Kurts Widerspenstigkeit unter Beweis zu stellen!

Die Firma C/Z könnte jedoch das Pech haben, niemals vollständig für ihr musikalisches Gespür belohnt zu werden. Daniel House arbeitete nämlich allein auf der Basis von Vertrauen und Wohlwollen – in jenen Jahren bei den meisten Plattenfirmen ein übliches Verfahren – und er scherte sich einen Dreck um Verträge und Ähnliches; das allerdings bedeutete, daß er keinerlei Anspruch auf einen Anteil der Einnahmen hatte, als »Mexican Seafood« später in die Nirvana-Raritäten-Kollektion aufgenommen wurde. Nirvana war Daniel House jedoch wohlgesonnen, denn als er etliche Jahre später zu Ehren von Kiss ein Album zusammenstellte, steuerten die Musiker von Nirvana wohl das beste Stück zu der Platte bei, nämlich eine stürmische Version von »Do You Love Me?«.

Anfang 1988 verließ Nirvanas Schlagzeuger Dale Crover die Gegend und zog mit seinem Melvin-Kumpel Buzz Osbourne nach San Francisco; er wurde durch Dave Foster ersetzt, doch dessen Zeit mit Nirvana war nur kurz. Denn eines Nachts entdeckte Foster, daß seine Freundin mit einem Mann aus dem benachbarten Cosmopolis eine Affäre hatte; er schlug den Typen zusammen und bekam erst hinterher mit, daß er den Sohn des Bürgermeisters vertrimmt hatte. Foster wanderte für zwei Wochen ins Gefängnis und wurde durch Aaron Burckhard ersetzt, bis auch dieser mit dem Gesetz in Konflikt geriet. Im Mai 1988 engagierte Nirvana schließlich Chad Channing, den Schlagzeuger der Tick-Dolly-Rows, einer Band, die damals gegründet worden war, als sie noch unter dem Namen Bliss angetreten waren.

Chads erster Auftritt mit der Band fand im Vogue statt, einem ehemaligen Bordell, das nach der Überlieferung in den oberen Etagen die Geister der einstigen Puffmütter beherbergte und aus dem jetzt die erste gemischte Hetero-/Schwulen-Bar von Seattle entstanden war. Obwohl die Bar nur zweimal in der Woche geöffnet hatte, nämlich Dienstag- und Mittwochnacht, gehörte das Vogue zu den wenigen Lokalen, in denen man sich damals in der Stadt treffen konnte.

Kurze Zeit später veröffentliche Dawn Anderson, der Herausgeber des Stadtmagazins *Backlash*, einen ersten Artikel über Nirvana; dort prophezeite er: »Mit genügend Übung könnte Nirvana eines Tages besser werden als die Melvins!«

Das Kompliment versetzte Kurt in einen Freudenrausch, den er sich nie hätte träumen lassen. Doch als sich der erste Rausch gelegt hatte, folgten bald auch schon die nächsten.

Als Bruce Pavitt das Demo-Band von Nirvana über Jack Endino erhalten hatte, war er in den darauffolgenden Wochen einige Male zu den Konzerten der Band gegangen. Jetzt wollte er von der Gruppe wissen, ob sie daran interessiert sei, für Sub Pop eine Single zu produzieren, und er schlug ihnen freundlich, aber bestimmt vor, daß »Love Buzz« dazu auserkoren werden sollte.

Die Band war von dem Vorschlag nicht gerade begeistert. Wenn sie schon einmal die Gelegenheit haben sollte, eine Platte aufzunehmen, dann wollte sie eigentlich lieber ihre eigenen Stücke spielen und nicht irgendeine kleine Popnummer, die sie nur gebracht hatten, weil Chris eben ein Fan von Shocking Blue war. Doch schließlich gaben sie nach. Das Angebot war einfach zu günstig, als daß man es wegen einer reinen Prinzipienfrage hätte in den Wind schlagen können, und außerdem hatte sowieso keine andere Plattenfirma ein wirkliches Interesse an ihrem Band gezeigt.

Zudem schien Sub Pop tatsächlich gerne mit der Gruppe zusammenarbeiten zu wollen. Die Firma bot Nirvana fünf Stunden lang ihr Studio an, und in dieser Zeit nahm die Gruppe vier Stücke auf: »Love Buzz« und »Big Cheese«, das die B-Seite von »Love Buzz« wurde, außerdem einen Song mit dem Namen »Blandest«, der eigentlich ursprünglich für die B-Seite vorgesehen war, sowie »Spank Thru«, ein Stück, das in neu abgemischter Form auf dem später neu erscheinenden Sampler SUB POP 200 erscheinen sollte.

Es war in dieser Zeit, als die Arbeitsbelastung der Gruppe spürbar anstieg und als Nirvana sich dazu entschied, ihr musikalisches Repertoire zu erweitern, indem sie einen zweiten Gitarristen anheuerte, und zwar Hunter ›Ben‹ Shephard, der früher einmal zusammen mit Chad bei den Tick-Dolly-Rows gespielt hatte. Der Gedanke daran, einen zweiten Gitarristen zu holen, war ihnen schon vorher durch den Kopf gegangen, und in der Gegend um Seattle gibt es jede Menge Musiker, die mit einer gewissen Berechtigung behaupten können, sie hätten einmal gemeinsam mit der entstehenden Gruppe Nirvana geprobt, auch wenn sie in Wahrheit nie richtig zu der Band gehört haben. Für Shepherd traf das genaue Gegenteil zu. Die Band wollte auf Tournee gehen, erzählte er dem Journalisten Grant Alden, »und sie luden mich einfach ein, sie zu begleiten. Ich hatte schon ein paar Mal mit ihnen gespielt, und ich kannte alle ihre neuen Songs, aber sie hatten mir nie eines von ihren älteren Stücken beigebracht. Wir hatten eben nie einen von ihren älteren Songs geprobt, wenn wir zusammen gespielt hatten.«

Shepherd konnte sich nie erklären, warum sie ihn gebeten hatten, mit ihnen auf Tournee zu gehen – denn während der ganzen Zeit, die er mit ihnen verbrachte, hat er nie auch nur eine einzige Note gespielt. »Ich habe überhaupt nicht gespielt. Ich kam eher als so eine Art persönlicher Aufpasser mit, es ging wohl mehr darum, daß ich einfach nur da sein sollte, damit sie jemanden hatten, der die Spannungen innerhalb der Band verringerte. Irgendwie komisch, würde ich mal behaupten – ich hab es nie rausgekriegt aus diesen Jungs, warum sie eigentlich unbedingt wollten, daß ich sie begleite.« Er war die ganze Zeit mit der Gruppe zusammen und redete sich am Ende *aus*, daß er unbedingt bei der Gruppe bleiben wollte. »Ich habe den Jungs die ganze Zeit klarzumachen versucht, daß sie überhaupt keinen zusätzlichen Typen brauchen.«

Shepherd spielte dann bei Soundgarden mit und ersetzte dort den Bassisten Jason Everman, als die Band gerade ihre *Louder-Than-Love*-Tournee beendet hatte. Interessanterweise hatte auch Jason Everman mit Nirvana zu tun, nämlich direkt nachdem Shepherd gegangen war. Doch Jason blieb während des Jahres 1989 sogar für volle neun Monate bei Nirvana, in denen die Band nicht nur sehr viele Konzerte gab, sondern in denen auch noch die Aufnahmen für Nirvanas Debüt-Album BLEACH gemacht wurden; Jason wird auf der Platte zwar als Gitarrist erwähnt (obwohl er gar nicht mitgespielt hatte, die Gruppe nannte ihn aus purer Aufmerksamkeit), doch in Wirklichkeit leistete er einen noch viel wichtigeren Beitrag: Er finanzierte nämlich die ganze Aufnahme.

Dann ging alles sehr schnell, schneller noch, als man es sich je hätte vorstellen können. Die Leute, die Kurt immerhin so gut kannten, daß sie ihm im Vorbeigehen ein kurzes »hallo« zuriefen, die ihn aber doch nicht öfter sahen als bestenfalls für ein paar Stunden die Woche, bemerkten plötzlich eine Veränderung an Kurt – er sah auf einmal richtig glücklich aus.

5

Das Geheimnis ihres plötzlichen Erfolges war, daß es gar kein Geheimnis gab. Kein Geheimnis, keine Publicity, kein einziges Wort auf der Straße, welches das Verkaufsbarometer genau in dem Moment in die Höhe schnellen ließ, als das Album in den Regalen lag. Im Rückblick auf die letzten drei Jahre, nachdem Nirvana es mit NEVERMIND geschafft hatten, die Pulsschläge ganzer Generationen zum Rasen zu bringen, sagte ein Angestellter der Plattenfirma Geffen: »Wir hatten uns damals gedacht, daß wir zufrieden sein könnten, wenn wir wenigstens 250 000 Platten verkauften.« Auf diesem Level bewegten sich schließlich auch all die anderen ›alternativen‹ Bestseller, und Nirvana unterschieden sich zu diesem Zeitpunkt einfach durch nichts von den anderen Alternativ-Bands; es gab jetzt eben noch eine weitere Gruppe, die explosionsartig und lautstark ihre Wut herausschrie, und zu allem Übel kam diese Gruppe auch noch aus Seattle, nicht gerade einer Hochburg in der Musikszene.

Sogar die leidenschaftlichsten Anhänger von Nirvana, die Leute von Sonic Youth, sagten: »Wir hielten NEVERMIND einfach nur für ein weiteres, wenn auch ziemlich verlockendes Underground-Meisterwerk, so wie BLEACH oder wie DINOSAUR JR., und wir hofften, daß die Gruppe wenigstens genauso bekannt werden würde wie Sonic Youth.«

»Wir dachten genauso wie Geffen, daß wir DIRT – es war das nächste Album von Sonic Youth, das von Butch Vig produziert wurde – gut verkaufen würden, nachdem NEVERMIND auf dem Markt war«, erinnerte sich Thurston Moore. «Alle Leute aus der Branche sagten, daß wir die Goldene Schallplatte schon in der Tasche hätten, doch wir hatten uns schwer verrechnet, denn es gab im Musikgeschäft offenbar keine bessere Geheimwaffe als die Stimme von Kurt Cobain. Wir hatten alle Hoffnung auf diese Platte gesetzt, aber erst mal tat sich nicht gerade viel. Na ja, dachten wir uns, dann eben beim nächsten Mal.«

Von NEVERMIND wurden anfangs nur 50 000 Exemplare gepreßt, und davon waren lediglich 10 000 Platten für den Verkauf in England bestimmt! Und dieser Vorrat sollte dann auch noch mindestens bis Weihnachten reichen. Als der Run auf die Platte aber dann ins Rollen kam, mußte Geffen sogar andere Neuerscheinungen wieder aus der Presse herausholen, um wenigstens den Versuch zu unternehmen, die gewaltige Nachfrage nach der Platte von Nirvana zu befriedigen.

Früher war es ja immer so gewesen, daß alle aufregenden neuen Entwicklungen immer aus Großbritannien gekommen waren; zumindest war nach den Beatles alles Neue nur noch von Großbritannien aus nach Amerika gekommen. Doch im Grunde funktionierte das Geschäft etwas anders: Die Briten schnappten etwas auf, das eigentlich in Amerika entwickelt worden war; dann polierten sie den neuen Stil ein bißchen auf und verpaßten ihm ihren eigenen Akzent; anschließend verkauften sie dann ihre neue Musik in den Staaten und heimsten die Lorbeeren ein.

So hatten sie es schon mit dem Blues gemacht, von dem die Rolling Stones noch heute profitieren. Und genauso verhielt es sich mit der melodiösen Trancemusik, die sich dann Pink Floyd zueigen gemacht hat; oder mit den verschlafenen Songschreibern, durch die wir Elton John bekamen – und ganz ähnlich war es natürlich auch mit dem Punk gelaufen (zumindest ist das die Version, die man in Amerika gerne glaubt).

Der Grunge ließ sich allerdings nicht so nett und einfach umsetzen und neu verpacken, wie die britischen Musiker es liebten. Der Sound an sich war natürlich nicht ganz unbekannt: verzerrte und unscharfe Töne, dazu ein verschwommener und starker Baß. Obwohl die Bezeichnung ›Grunge‹ schon ein paar Mal in Spezialmagazinen erwähnt worden war, war sie in Amerika mit Sicherheit noch nicht weit verbreitet.

Aber von dem Moment an, als die ersten Singles der Plattenfirma Sub Pop Seattle verließen und in Großbritannien auf den Tischen der Kritiker landeten, und von dem Tag an, als die Reporter des *Melody Maker* auf dem Sea-Tac-Flughafen landeten, um sich auf Geschäftskosten im Zentrum der wilden Bewegung umzusehen und dann in ihrem Blatt absolut begeisterte Berichte über die ganze ›Szene‹ zu schreiben – da galt die neue Musik als so ehrlich und so rein und so unglaublich unverfälscht, daß die Briten diesmal wohl nichts daran verbessern konnten und sie einfach so beließen, wie sie war; hierfür gab es übrigens einen Präzedenzfall, und zwar sowohl in geographischer wie in musikalischer Hinsicht.

Denn auch Jimi Hendrix kam aus Seattle und hatte es in Amerika zu Ruhm und Erfolg gebracht. Doch zwischendurch mußte er erst mal nach London gehen, um sich einen Namen zu machen. Als er im Juni 1967 auf dem Monterey-Festival spielte, da war er noch kein Star, sondern ein völlig unbekannter Neuling. Er war einfach nur ein Typ, der bei den Engländern mit ein paar Hits ganz gut angekommen war, ein Typ, der zudem seine Gitarre verbrannte und wirklich sexy spielte.

Genauso verhielt es sich mit dem Grunge, obwohl darüber nicht so viel geredet wurde. Es gab wohl nur wenige Leute, die die Platte SUPERFUZZ BIGMUFF von Mudhoney als sexy bezeichneten, obwohl es durchaus möglich war, diese Musik in dem entsprechenden Teenager-Slang mit erstaunlich anzüglichen Worten zu beschreiben. Und es war für viele sicherlich eine Enttäuschung, daß sowohl ›Superfuzz‹ als auch ›Big Muff‹ später einmal als andere Bezeichnungen für ›Verzerrungspedal‹ gebräuchlich waren!

Doch Bruce Pavitt, der Gründer von Sub Pop, wies einmal stolz darauf hin, daß die Grunge-Musik, die Grunge-Mode und alle möglichen anderen erdenklichen Formen des Grunge schon auf den Straßen von London kursierten, noch bevor Nirvana und Pearl Jam auf der Bildfläche erschienen waren.

»In Wahrheit haben Mudhoney die Bühne frei gemacht ... Wenn *ihre Platte* SUPERFUZZ BIGMUFF nicht bereits ein Jahr zuvor die alternativen Charts in England erobert hätte und Mudhoney nicht so erfolgreich gewesen wären, wer weiß, was dann aus Nirvana geworden wäre? ... Mudhoney hat Nirvana Tür und Tor geöffnet ...«

Doch auch Nirvana bemühte sich um Anerkennung in Großbritannien. Im März 1989 ebnete das Magazin *Melody Maker* der Band den Weg in die Herzen der Engländer, indem es die Gruppe als »eine rundum bodenständige Band« beschrieb. »Keine Rockstar-Allüren, keine intellektuelle Perspektive, kein Schlachtplan zur Eroberung der Welt«, hieß es weiter. »Es handelt sich um vier junge Typen aus dem ländlichen Bundesstaat Washington, die einfach gerne Rockmusik spielen wollen und die, wenn sie das nicht tun würden, bestimmt in einem Supermarkt oder einem Holzlager arbeiten oder Autos reparieren würden.«

Das stimmte zwar wahrscheinlich nicht, aber auch die herablassende Bemerkung im *Melody Maker* konnte nicht über die Tatsache hinwegtäuschen, daß sowohl Seattle als auch die Plattenfirma Sub Pop ganz gut im Rennen lagen und die Band Nirvana – die zum einen daran dachte, nach Seattle zu ziehen und die zum anderen bereits bei Sub Pop unter Vertrag war – dabei war, sich warmzulaufen. Ihr Debüt-Album BLEACH, das bald erscheinen sollte, sollte sich in kürzester Zeit über 40 000 mal verkaufen, und das noch bevor NEVERMIND auf den Markt kam und alle Leute nach dieser ersten Nirvana-Platte suchten.

Ihr erstes Konzert in Großbritannien gaben die Musiker von Nirvana am 20. Oktober 1989 in Newcastle, wo sie als Vorgruppe von TAD auftraten. Für die Leute von Nirvana war dieses Konzert in jeder Beziehung eine wichtige Erfahrung: Denn sie hatten ja keine Ahnung davon gehabt, wie viele Leute sich in England für ihre Musik interessierten; außerdem mußten sie eine ziemlich unbequeme Reise durchstehen, weil sich die beiden Bands auf ihrer Fahrt durch England in einem winzigen Fiat-Lieferwagen zusammenquetschen mußten. Und wenn sie es einmal geschafft hatten, in einem Land positive Schlagzeilen zu machen, dann schafften sie es im nächsten Land bestimmt, ihren Bonus wieder zu verspielen.

In Berlin marschierte Kurt nach sechs Liedern von der Bühne ab und ließ nur das heulende Feedback seiner zerschmetterten Gitarre hinter sich zurück. In der Schweiz war Nirvana gezwungen, ein Konzert abzusagen, weil Kurt krank geworden war, und in Rom platzte beinahe ein Auftritt, weil Kurt nach dem Streß von sechsunddreißig Konzerten an zweiundvierzig Tagen zusammenzuklappen drohte; es waren zudem Tage gewesen, an denen er mit zehn anderen Menschen in einem kleinen Kombiwagen eingequetscht gelebt hatte und an denen er sich über den schlechten Sound ärgern mußte, wann immer er gespielt hatte.

Einmal, als die Gruppe ein knappes Drittel der geplanten Stücke gespielt hatte, zerschmetterte Kurt mitten in dem Lied »Spank Thru« seine Gitarre und zog ab. Doch diesmal ging er nicht von der Bühne, sondern er kletterte auf einen Lautsprecherturm und stand einen Moment lang sprungbereit da oben, entschied sich dann aber anders und kletterte weiter in Richtung Dach.

Als Kurt die Balustrade erreicht hatte, war das gesamte

Publikum vor Entsetzen mucksmäuschenstill. Auf den Gesichtern von Kurts Bandkollegen konnten die Leute erkennen, daß sie hier Zeugen von etwas wurden, das nicht zur geplanten Vorstellung gehörte. Die Zuschauer erlebten hier jemanden, der total nervös wirkte, wenn er nicht schon vollkommen durchgedreht war. Kurt kletterte wie besessen weiter nach oben und schwenkte dann, als er ganz oben auf einer Zuschauertribüne angelangt war, einen Stuhl über seinem Kopf, wobei er damit drohte, ihn in die Menschenmasse fallenzulassen, die unter ihm auf der Tanzfläche wogte.

Dann lenkte ihn plötzlich irgend jemand ab, und genau in diesem Moment schnappte sich jemand anders den Stuhl, wodurch Kurt von seinem Vorhaben abgebracht wurde. Doch dann kam er genau im falschen Augenblick wieder zurück auf die Bühne. Denn dort stritten sich gerade ein paar Leute darüber, ob Kurt womöglich einige Mikrophone zerbrochen hatte oder nicht.

Als Kurt das hörte, schnappte er sich die fraglichen Mikros, ließ sie fallen, trat darauf herum und stampfte sie in den harten Betonboden. »Jetzt sind sie kaputt«, brüllte er, brach daraufhin in Tränen aus und kündigte an, daß er die Band verlassen werde.

»So war Kurt eben«, sagte Chad Channing der Autorin Jo-Ann Greene. »Wenn er wollte, schien er wirklich zu allem fähig zu sein, egal ob es nun gut war oder schlecht.« Angeblich wollte Kurt sogar die Band verlassen, für deren Entstehung er doch so hart gearbeitet hatte.

Aber Kurt ging natürlich nicht; statt dessen landete er schon Anfang Dezember wieder in London, wo er auf seine nächsten Auftritte wartete. Mudhoney gastierten ebenfalls gerade in London, wo im Astoria das sogenannte ›Lamefest‹ gefeiert wurde, ein Ereignis, das auch in Seattle schon zu einer Legende geworden war und aus dessen Anlaß sich dort jeweils ein paar ortsansässige Bands zusammentaten, um den größten Konzertsaal zu mieten und ihn mit ihren Fans vollzustopfen.

Das Londoner Konzert mit den Gruppen Mudhoney, TAD und Nirvana war im Grunde eine Wiederholung des Lamefestes von Seattle, das dort am 9. Juni 1989 im Moore Theatre stattgefunden hatte. Damals, so hatte das Lokalmagazin *Backlash* geklagt, habe der schlechte Sound die Band ruiniert. In London hatte Kurt seine Gitarrenkollektion ruiniert. Er mußte schließlich auf ein einziges funktionierendes Instrument zurückgreifen, wobei ›funktionierend‹ noch stark übertrieben ist. Immer wieder mußte Kurt mitten in irgendeinem Stück aufhören zu spielen, am Tonabnehmer rütteln, am Kabel zerren oder irgend etwas anderes machen, um seiner widerwilligen Gitarre wenigstens ein paar Töne abzuringen. Und das war noch längst nicht alles.

»Als der dürre, froschartige Bassist mit den Gummibeinen dann anfing, sich selbst zum Affen zu machen«, schrieb ein Kritiker der Zeitschrift *Melody Maker*, »da brach dann alles zusammen.« Chris Novoselic hatte seinen Baß am Schulterriemen herumgeschwungen, als dieser plötzlich nachgegeben hatte und das Instrument wie eine Rakete von der Bühne krachte. »Jetzt muß er abzischen«, brüllten einige im Saal.

Doch Chris holte sein Instrument zurück, so daß das Konzert weitergehen konnte; aber das war erst der Anfang des Dramas gewesen, das sich nun entwickeln sollte.

Ursprünglich waren es einmal die Who gewesen, die eine Tugend daraus gemacht hatten, ihre Instrumente zu zertrümmern. ›Selbstzerstörung‹ hatte man das damals genannt. Seitdem waren diese Aktionen zu einer Religion oder zumindest zu einem um sich greifenden Ritual geworden, so daß schließlich jede neue Generation eine Band hervorbrachte, deren Konzerte mit dem Dröhnen von zerberstendem Holz und quietschendem Metall endeten.

Und wenn die ältere Generation eine von diesen Bands sah, dann hatte sie dafür nur noch ein müdes Lächeln übrig und dachte sich: »O je, schon wieder diese uralte Nummer!«

Doch die Musiker von Nirvana waren in dieser Beziehung ein bißchen anders. Sie zertrümmerten ihre Instrumente nicht nur um der Show willen. Als es das erste Mal passierte, hatten sie es natürlich als Gag gedacht. Das zweite Mal ebenso. Aber irgendwann war der Gag nicht mehr besonders komisch gewesen, und Kurt setzte ihn dann nur noch ein, wenn er seine Wut zum Ausdruck bringen wollte.

An jenem Abend im Astoria ärgerte er sich vor allem über das schlechte Gelingen der Anfangs- und der Schlußakkorde der Stücke; außerdem war er gereizt, weil die Zuschauer sich rücksichtslos nach vorne gedrängelt hatten, obwohl die Vorstellung eigentlich unerträglich schlecht war, doch am meisten ging ihm seine Gitarre auf die Nerven. Als sie ein Stück beendet hatten, schleuderte er die Gitarre einfach in einem weiten Bogen auf Chris zu, woraufhin dieser seinen Baß am oberen Ende packte und damit ausholte, als hätte er eine Schlagkeule in der Hand. Die Gitarre zersplitterte in tausend kleine Stücke. Einfach klasse, so eine Vorstellung muß man erst einmal überbieten!

Wenn sich der amerikanische Durchschnittszuschauer solche Eskapaden überhaupt ansah, dann auf jeden Fall aus sicherer Entfernung. Als Nirvana durch die USA tourte, stand die Gruppe auf Bühnen, auf denen vor ihr schon Tausende von hoffnungsvollen Musikern aufgetreten waren, die dann aber doch keine Zukunft gehabt hatten; es waren Bands gewesen, die in ihrer eigenen Gegend ziemlich berühmt werden konnten, die aber sang- und klanglos untergegangen waren, wenn sie sich einmal über den Ozean gewagt hatten.

Die Plattenfirma Sub Pop hatte in den USA keinen besonders guten Ruf. Der Sub Pop Singles Club, der seinen Mitgliedern jeden Monat eine Platte ins Haus lieferte, war im Oktober 1988 gegründet worden; eigentlich hatte er vor allem den Zweck, schon ein Jahr vor Zusendung der unbekannten Platten abzukassieren (wenn man Mitglied des Clubs wurde, waren die Platten meistens noch nicht einmal aufgenommen). Die Firma produzierte noch immer nicht mehr als ein paar tausend Exemplare von jeder Neuerscheinung, und davon wurden auch noch viele ins Ausland geschickt.

Nirvana war damals durch einen Zufall an den Club geraten, als sie ihre erste Single »Love Buzz« aufgenommen hatten, und das sagt eigentlich schon einiges darüber aus, welchen Ruf sie damals in den USA hatten. Sie waren in etwa genauso unbekannt wie jede andere Gruppe auch, die von diesem komischen kleinen Club gepusht wurde, zum Beispiel wie die Afghan Whigs, L7 oder Billy Childish's Headcoats. Wenn Seattle für die Musikszene überhaupt irgend etwas bedeutete, dann lag das an Soundgarden, der ersten Gruppe aus dieser Stadt, die mit ihrer Platte wirklich Erfolg gehabt hatten.

Doch Nirvana hatte nichts dagegen, so unbekannt zu sein; die Musiker genossen ihren Kult-Status in tiefen Zügen, und sie gewannen ihre Fans und Freunde nicht deshalb, weil sie irgendwie Rabatz machten, sondern weil sie es eben einfach verdient hatten. Als Nirvana Anfang 1990 im Pyramid Club in New York spielten, waren im Publikum unter anderem Leute wie Iggy Pop, Thurston Moore und Kim Gordon von Sonic Youth sowie der bei der Plattenfirma für die Gruppe zuständige ›Arts- und Repertoire‹-Mann Gary Gersh.

Die Tatsache, daß Sonic Youth für ihr 1990er Album Goo rechtzeitig von der Plattenfirma Geffen Records angeworben worden waren, wird in der Geschichte des amerikanischen Alternativ-Rocks immer ein zentrales Ereignis bleiben, und zwar *nicht*, weil dadurch mit irgendeiner Tradition gebrochen wurde – *das* hatte man ja noch nicht einmal behaupten können, als zwei Jahre zuvor bei Warner Bros. Jane's Addiction erschienen war –, sondern weil Sonic Youth selbst im Mittelpunkt standen und dies eine Band war, die diese Revolution von Herzen genoß.

Während der achtziger Jahre, also zu jener Zeit, als die elektronische Musik sowie die neuen und digitalen Aufnahme- und Mischtechniken aufkamen, hätte man vielleicht vermuten können, daß die Parole ›Zurück zum Ursprünglichen‹ einfach jeden befremdet hätte – nicht nur, weil es in musikalischer Hinsicht ein Rückschritt gewesen wäre, sondern vor allen Dingen auch deshalb, weil das Ursprüngliche ja nicht besonders spannend war. Was zum Beispiel sollte denn das Ursprüngliche wohl gewesen sein? Das abgehackte Aufflammen des ersten Rock'n'Roll? Oder die Selbstaufopferung beim herrlichen Punk? Oder das jammernde Garagen-Gebrüll von Billy Childish, das schon wieder so perfekt war, daß selbst er Schwierigkeiten hatte, vom geistlosen Altar des Kultes wieder herabzusteigen.

Doch Sonic Youth schafften es irgendwie, diesen Problemen zu entgehen. Die Gruppe begeisterte sich von Anfang an für eine etwas andere Musik – eine Musik, die etwas am Rande angesiedelt war, obwohl sich ein Teil ihres Repertoires durchaus mit dem Stil anderer Gruppen gekreuzt haben mag; dabei könnte man sich vielleicht eine gerade Linie vorstellen, die von Downliners Sect bis zu den Sex Pistols führt.

Die Musiker von Sonic Youth zogen alle Register, sie arbeiteten mit Dissonanzen, mit Verzerrungen und anderen brachialen Methoden. Manchmal sah es sogar so aus, als ließen sie einfach nur das Feedback ihrer Instrumente aufjaulen und schrien sich durch den Lärm hindurch irgendwelche Worte zu. Wenn man genau hinhörte, hatte man zwar nicht gerade das Gefühl, die Melodie herauszuhören, aber man glaubte, daß da durchaus eine Melodie *sein könnte*, und genau das war es, das die Zuschauer fesselte; bei Geffen – bis dahin als eine Plattenfirma gebrandmarkt, der man die Guns n' Roses zu verdanken hatte – wußte man, daß man nicht nur genug Leute für Sonic Youth würde begeistern können, sondern daß man den Musikern außerdem im Hinblick auf ihre Kreativität absolute Freiheit gewähren mußte. Und das war wirklich revolutionär.

Inzwischen waren Sonic Youth auf der Suche nach einer Begleitgruppe, doch von außen betrachtet sah es so aus, als ob Nirvana dafür auf längere Dauer nicht geeignet sei.

Die Darbietung im Pyramid Club war eine einzige Katastrophe; sie war so schlecht gewesen, daß Chris sich vor Wut den Kopf kahlrasierte, als die Band wieder in ihrem Motel war. Außerdem war BLEACH, das Debüt-Album der Band, vor der Abreise der Gruppe nach Europa noch nicht veröffentlicht worden, was darauf hindeutete, daß man sich wohl nur mittelmäßig für Nirvana interessierte. Mittelmaß – so konnte man über eine Band urteilen, die eine ganze Nacht lang exzessiv durchspielen und dann am nächsten Tag komplett auseinanderbrechen konnte!

Die hausinternen finanziellen Schwierigkeiten bei Sup Pop verschärften die Probleme noch zusätzlich. Zu jenem Zeitpunkt steckte die Firma in ernsthaften Verhandlungen mit verschiedenen großen Plattenfirmen, um einen neuen Vertrieb zu organisieren, der sicherstellen sollte, daß sämtliche Neuerscheinungen von Sub Pop landesweit auch in jedem Plattenladen landen würden, und nicht nur in den paar Läden, die clever genug waren, die Neuerscheinungen direkt in Seattle zu bestellen.

Plötzlich wurden in der Stadt dann immense Geldsummen hin- und herverschoben – Summen, die mit der

Entwicklung der Verhandlungen von Sub Pop eigentlich wenig zu tun hatten, die aber ohnehin bald wieder zusammenschmelzen sollten, weil die Firma auf einmal Rechtsanwälte und Berater engagieren und bezahlen mußte.

Trotzdem hatte man den Eindruck, daß bei Sub Pop plötzlich Geld gescheffelt wurde, noch bevor die Verhandlungen überhaupt abgeschlossen waren. Und hinzu kam auch noch: Die Firma konnte es sich endlich erlauben, bei ihren Aufnahmen mit höheren Budgets zu arbeiten, und das war gut so. Denn wenn sie ihre anfänglich gebotenen Produktionsbudgets nicht hätte erhöhen können, dann hätte die Firma die Bands vergrault und diese hätten ihre Sachen gepackt und wären zu anderen Firmen übergewechselt, die ihnen mehr geboten hätten. Hierbei handelte es sich aber um ein zweischneidiges Schwert: Einerseits war Sub Pop auf Bands angewiesen, die schon einen Namen hatten, um für die großen Plattenfirmen überhaupt interessant zu bleiben; andererseits mußte Sub Pop den Gruppen natürlich zahlen, was diese glaubten, wert zu sein. Und weil das so war, lief die Firma immer wieder Gefahr, sich in den Abgrund zu wirtschaften.

Bruce Pavitt hatte schon 1992 gegenüber Grant Alden von dem Magazin *The Rocket* prophezeit: »Wenn mal ein Buch über Sub Pop geschrieben wird, dann werde ich mit Sicherheit etwas zu der Behauptung sagen, daß ›Sub Pop angeblich beinahe hätte zumachen müssen und daß die Firma dann aber von Nirvana mit ihrer Platte NEVERMIND wiederhochgebracht worden sei‹.« (Sub Pop ist prozentual am Umsatz von NEVERMIND und IN UTERO beteiligt.)

»Also, ich möchte jetzt hier und heute einmal klarstellen, daß es allein die Platte EVERY GOOD BOY DESERVES FUDGE von Mudhoney war, die uns gerettet hat. Die Gruppe hatte uns erlaubt, ihre Platte herauszubringen (trotz ernstzunehmender Konkurrenz von großen Plattenfirmen), und deshalb war sie es auch, die die Firma in Wahrheit über

Wasser gehalten hat. Ob mit oder ohne NEVERMIND – ich bin davon überzeugt, daß wir heute auf jeden Fall noch im Geschäft wären.«

Wie dem auch sei, das Album EVERY GOOD BOY, das in den englischen Plattencharts an 34. Stelle landete und mit dem Seattle schließlich seinen Platz in der britischen Musikszene erobern konnte, sollte nach dem Erscheinen von BLEACH noch über ein Jahr auf sich warten lassen. Zudem war Kurt die ganze Zeit davon überzeugt, daß sich die Probleme von Sub Pop negativ auf die Erfolgschancen seines eigenen Albums auswirken würden. Auf allen Konzerten spielte sich immer die gleiche, altbekannte Geschichte ab: Die Zuschauer fragten nach den Platten der Gruppe, denn sie wußten nicht, wo sie sie kaufen konnten.

Im Jahr 1992 stellte Kurt dann rückblickend fest: »Wir hatten damals das Gefühl, daß wir eigentlich ein bißchen mehr verdient hätten, als wir wirklich bekamen«, und dann fügte er noch eine Bemerkung hinzu, die sich als eine der wichtigsten Äußerungen seines Lebens erweisen sollte. »Ich hätte mich im Grunde wohl gefühlt, vor eintausend Leuten zu spielen. Eigentlich war es unser Ziel gewesen, eine Gruppe dieser Größenordnung zu werden und zudem eine der bekanntesten alternativen Rockbands, genauso wie Sonic Youth.«

Dieser Ehrgeiz war es dann wohl auch, der Nirvana dazu veranlaßte, sich aktiv um die Aufmerksamkeit der großen Plattenfirmen zu bemühen; außerdem war die Gruppe mit der Art und Weise unzufrieden, in der Sub Pop mit ihrer Karriere umsprang. Deshalb war Gersh übrigens damals im Pyramid Club; er wollte einfach mal abchecken, was für eine Band Nirvana war.

Thurston Moore sagte dazu später: »Wir haben uns nur positiv über Nirvana geäußert und zwar sowohl im Hinblick auf ihr Management als auch auf ihre Plattenaufnahmen. Den Leuten von Geffen haben wir dann gesagt, daß wir ein gutes Gefühl hätten und daß wir noch etwas positiven Einfluß auf Nirvana ausüben könnten.«

Aber es gab auch noch andere Plattenfirmen, die sich für Nirvana interessierten, unter anderem MCA und Island, und dann war natürlich auch Sub Pop nach wie vor fest entschlossen, die Gruppe in ihrem Programm zu behalten. Bruce Pavitt und Jonatha Poneman erfuhren nur beiläufig von Nirvanas Absichten; dabei weigerte sich Kurt, wie er später sagte, »über mehrere Wochen hinweg«, die Anrufe von Sub Pop zu beantworten, und dadurch habe die Plattenfirma ja wohl ohne jeden Zweifel mitbekommen müssen, daß »in unserer Beziehung zueinander definitiv etwas nicht in Ordnung war.«

Letztendlich war es Chris gewesen, der Sub Pop über die Pläne von Nirvana informierte. Eigentlich hatte Kurt das erledigen sollen, doch als es schließlich soweit war und Kurt und Bruce Pavitt fünf Stunden lang in Kurts Apartment in Olympia zusammengesessen hatten, da hatten die beiden in Anwesenheit der deformierten Puppen und der im Bassin umherpaddelnden Schildkröten über alles Erdenkliche geredet – nur nicht über das Wichtigste, nämlich über Nirvanas unmittelbare Zukunft.

Als Bruce Pavitt an jenem Abend nach Seattle zurückfuhr, konnte er trotz allem eigentlich nicht mehr daran gezweifelt haben, daß Nirvana nicht mehr mit Sub Pop zusammenarbeiten wollte, aber bevor er es glauben mochte, mußte er es dann doch erst aus berufenem Munde hören. Als Chris seine Befürchtungen dann tatsächlich bestätigte, war das für Bruce Pavitt, wie er später sagte, einer der schlimmsten Augenblicke seines Lebens. »Ich kann mich nur an sehr wenige Dinge erinnern, die mich noch tiefer verletzt haben.«

Kurt fühlte sich ebenfalls schrecklich. Er wußte zwar, daß der Wechsel wichtig war; und es war ihm auch klar, daß sie, wenn sie wollten, bis in alle Ewigkeit bei Sub Pop bleiben konnten, ohne ihren Alltagstrott jemals verändern zu müssen, aber er wußte auch, daß die Gruppe ihr Glück mit einer anderen Plattenfirma versuchen konnte, die einen größeren wirtschaftlichen Einfluß ausüben und Nirvana damit berühmter machen würde. Doch all diesen Überlegungen zum Trotz bereute es Kurt, wie sich die Dinge entwickelt hatten; es gefiel ihm zum Beispiel nicht, daß die Plattenfirma, die an seinen Denkprozessen so geduldig Anteil genommen hatte, ihm jetzt im Hinblick auf seine ehrgeizigen Ziele nicht weiterhelfen konnte.

Die Arbeit an Nirvanas zweitem Album, das die Firma Sub Pop herausbringen wollte – die Aufnahmen fanden in Madison im Bundesstaat Wisconsin unter der Leitung des Produzenten Butch Vig statt – kam im wesentlichen zum Erliegen, als die Verhandlungen über den anstehenden Wechsel im Gange waren. Doch die Gruppe hatte im April 1990 in einer einzigen Woche sieben Stücke aufgenommen: »Pay to Play«, »In Bloom«, »Dive«, »Lithium«, »Sappy«, »Polly« und »Imodium«; letzteres Stück, das gab Kurt lächelnd zu, habe seinen Titel in Erinnerung an ein Durchfallmittel bekommen, das TAD in Europa benutzt hatten. Bei einer weiteren Aufnahme wurden die Stücke »Pay to Play« in »Stay Away« und »Imodium« dann in »Breed« umbenannt und bildeten später die Grundlage für NEVERMIND – bzw. SHEEP, wie die Platte ursprünglich hatte heißen sollen. Doch als Nirvana sich dann schließlich dazu entschloß, Sub Pop den Rücken zu kehren, wurde aus diesen Songs zunächst nicht mehr als ein weiteres Demo-Band.

Die Firma Sub Pop war in diesen wenigen spannungsgeladenen, aber immer aufregender werdenden Monaten nicht das einzige Opfer. Auch Chad Channing war dabei, sich von Nirvana zu trennen. In der Gruppe konnte man sich nicht darüber einigen, ob er nun von sich aus ging, oder ob er rausgeworfen wurde, doch Chad räumt selber ein, daß er mit seinen Bandkollegen nicht mehr zurechtkam. Die Stücke, die er für die Band geschrieben hatte, waren ständig abgelehnt worden, und es wurde immer deutlicher, daß Chads Geschmacksrichtung im Hinblick auf progressive Rockmusik – Kurt hatte sie einmal als ›Elfenmusik‹ bezeichnet – nicht mit dem härteren Popgeschmack von Kurt und Chris zusammenpaßte.

Es war auch wenig nützlich, daß Kurt so viele Jahre lang Schlagzeug gespielt hatte. Es paßte einfach nicht zu ihm, sich im Hintergrund zu halten.

Die für März 1990 geplante England-Tournee wurde abgeblasen, doch Nirvana verschwand deshalb nicht von der Bildfläche. Dale Crover übernahm jetzt den freien Platz am Schlagzeug, während Nirvana auf Einladung von Sonic Youth für eine Woche entlang der Westküste auf Konzerttour ging.

Danach übernahm Dan Peters von Mudhoney das Schlagzeug; mit ihm ging die Band zurück ins Studio, um die B-Seite zu dem wahnsinnigen Stück »Sliver« aufzunehmen, der vorletzten Single, die Nirvana gemeinsam mit der Plattenfirma Sub Pop produzierte. Außerdem trat die Gruppe am 22. September beim Motor Sports International and Garage auf; während dieses Konzertes entstanden einige der bekanntesten Fotos, die je von Nirvana veröffentlicht wurden. Eines der Fotos, das der Sub-Pop-Fotograf Charles Peterson geschossen hatte, wurde nach dem Tod von Kurt Cobains sogar zum Titelbild der nächsten Ausgabe der Seattle-*Rocket* auserkoren.

Die letzte Veränderung in der stürmischen Neubesetzung von Nirvana wurde noch am gleichen Abend unter Dach und Fach gebracht. Dave Grohl hatte Buzz und die Melvins kennengelernt, als die Band aus Aberdeen während einer ihrer regelmäßigen Konzertreisen in Washington DC aufgetreten war. Er hatte Kurt und Chris auch schon einmal getroffen, doch zum Glück erinnerten sich weder er noch die anderen beiden so genau daran, als Buzz die drei Musiker schließlich miteinander bekanntmachte.

Dave Grohl spielte damals in der Hardrock-Band Scream aus Washington DC, mit der er gerade ein Konzert in Olympia gegeben hatte; später gingen die Musiker noch alle gemeinsam auf eine Party, wo angeblich die heißesten Sachen abgehen sollten, die die Stadt zu bieten hatte.

Das mag vielleicht auch so gewesen sein, doch die Leute von Scream waren ganz und gar nicht beeindruckt von der Party; insbesondere waren sie genervt, als auch noch irgendein Mädchen seine elektrische Gitarre einstöpselte und damit begann, ein paar eigene Songs vorzuspielen. Dave beschrieb ihre Musik später mit den Worten: »Eine absolut schreckliche Selbstmordmusik für Teenies.« Um etwas dagegen zu setzen, holte Dave eine Kassette von der Gruppe Primus aus dem Auto. Damals wußte er noch nicht, daß das Mädchen Tobi hieß und Kurts damalige Freundin war, doch das sollte er auch erst erfahren, als er die Geschichte Kurt und Chris später einmal erzählte.

An dem Abend, an dem auch das Motor Sports-Konzert stattfinden sollte, war Dave nach Seattle gekommen, um Kurt und Chris zu treffen. Man erzählt sich, daß er seine Schlagzeugausrüstung in einem Pappkarton und seine Kleidung in einer vollgestopften Plastiktasche bei sich trug, als er auf dem Sea-Tac-Flughafen landete; außerdem soll er einen Apfel in der Hand gehalten haben, den er sofort Kurt angeboten habe.

Doch der Nirvana-Sänger soll das Obst nur angeekelt betrachtet und dazu gesagt haben: »Nein, Danke. Davon bluten meine Zähne.« Innerlich grollte Dave. Er hatte gerade zweimal mit Kurt gesprochen, und beide Male hatte Kurt ihn abblitzen lassen.

Trotz seiner inzwischen einigermaßen abenteuerlichen Erfahrungen mit den Musikern der Band war Dave für

Nirvana wie geschaffen; er fügte sich sofort in die bereits existierende Gruppenhierarchie ein und respektierte die Vorherrschaft von Kurt und Chris. Schon während der Aufnahmen für IN UTERO gelang es Dave sogar, eines seiner eigenen Stücke auf dem Band unterzubringen! Letztendlich erschien »Marigold« zwar nur als B-Seite der Single »Heart-Shaped Box«, doch der Produzent Steve Albini hat sicherlich im Namen vieler gesprochen, als er sagte: »Von allen ›Pop-Songs‹, die wir aufgenommen haben, hob sich ›Marigold‹ deutlich hervor.«

Auch Kurt hielt mit seiner Zustimmung zu dem Engagement von Dave nicht hinterm Berg, indem er ihn den ›Schlagzeuger unserer Träume‹ nannte. Privat ging er sogar noch weiter und bot Dave an, seine Wohnung mit ihm zu teilen und das Zimmer mit der Couch als sein eigenes Nachtquartier zu betrachten. Was spielte es da schon für eine Rolle, daß die Couch dreißig Zentimeter kürzer war als Dave und daß er sich das Zimmer zudem mit Kurts Hausschildkröten teilen mußte? Zumindest für Kurt war der Einzug von Dave eine Lektion in Sachen Sozialisation; auch seine übrigen Freunde sagen einstimmig, daß Kurt nun definitiv aus seinem Schutzpanzer hervorkroch. Vielleicht war Kurt ja doch nicht nur dazu bestimmt, permanent mit seinen geliebten Amphibien in Symbiose zu leben – und das hatten doch eigentlich alle angenommen.

Es wirkte sich auch noch auf andere Weise positiv, wenn nicht sogar therapeutisch sinnvoll aus, daß Dave in Kurts Apartment gelandet war. Die Beziehung zwischen Kurt und Tobi – das war die mit der ›schrecklichen Selbstmordmusik für Teenies‹ – zerbrach nämlich kurz nachdem Dave in Seattle angekommen war, woraufhin Kurt in tiefes Schweigen versank und nur noch krankhaft mit sich selbst beschäftigt war.

»Wir hockten stundenlang in seinem winzigen Apartment herum, das allenfalls die Größe eines Schuhkartons hatte, und sprachen kein Wort«, sagte Dave später lachend. »Das ging über mehrere Wochen so.« Doch als die beiden dann eines Abends nach der Probe zusammen nach Hause fuhren, wurde Kurt plötzlich munter und sagte zu Dave: »Ich bin nicht immer so, weißt du? Ich bin nur ein bißchen durchgedreht!«

In den folgenden Monaten ging dann alles ganz schnell. Schon ein paar Wochen nachdem Dave zu Nirvana gekommen war, spielte er bei dem ersten Konzert der Gruppe in Olympia mit. Schon einen Tag nachdem die Eintrittskarten auf den Markt kamen, waren sie vergriffen; für Dave war das eine Erfahrung, die er noch nie zuvor gemacht hatte. Außerdem stand ein Management-Vertrag mit Gold Mountain aus L. A. in Aussicht, durch den die beiden miteinander befreundeten Gruppen Nirvana und Sonic Youth unter dem gleichen Geleit stehen würden. Und auch die Verhandlungen mit neuen Plattenfirmen traten nun in eine heiße Phase ein. Sowohl von seiten der Gruppe als auch von seiten der Industrie sollte nun schnell etwas geschehen; Nirvana wollten zügig das zweite Album aufnehmen, und die halbe Musikindustrie schien sich plötzlich dafür zu interessieren, mit der Gruppe zusammenzuarbeiten.

Die Erfahrungen, die Nirvana zu jener Zeit machten, unterschieden sich natürlich in keiner Weise von den Erfahrungen vieler anderer Alternativ-Bands beziehungsweise den Erfahrungen der später aufkommenden pseudo-alternativen Bands. Der Sender MTV hatte die Alternativ-Bands, die ganz klar zu einer Basisbewegung heranwuchsen, in sein Herz geschlossen und stellte ihnen in den späten Abendstunden zwei volle Stunden Sendezeit zur Verfügung; *120 Minutes* war ein Schaukasten für Videos von alternativen Bands.

Die flippige Funkrock-Band The Red Hot Chili Peppers

aus L. A. hatte gerade mit ihrer Single einen großen Erfolg verbucht, nachdem sie zuvor fünf Jahre lang in der Club-Szene gerackert hatte. Faith No More und Janes's Addiction waren kurz davor, ihre jeweils erste Goldene Schallplatte zu erhalten. Depeche Mode, New Order und The Cure waren inzwischen so groß herausgekommen, daß sie ganze Stadien füllten. Obwohl es dafür natürlich keine Beweise gab, sah es plötzlich so aus, als ob Amerika das makellose Geplapper der Pop-Gruppen gründlich satt hatte, die bis zur Mitte der achtziger Jahre die Musikindustrie finanziert hatten; vielleicht wollten die Leute am Ende doch etwas mehr Integrität spüren? Oder vielleicht auch einen Sinn erkennen, oder die Energie und die Power der Musiker wahrnehmen können? Es spielte keine Rolle, wie das richtige Wort nun lautete – fest stand, daß Nirvana und all die anderen unzähligen Bands, die auf dem gleichen Musiktrip waren, genau das zu bieten hatten. Jetzt mußten sie eigentlich nur noch sicherstellen, daß sie ihr Können auch am richtigen Ort einsetzten.

Das war die eine Seite der Medaille. Aber Kurt widmete sich offenbar auch eine ganze Woche lang der anderen Seite, indem er die Zukunft der Band von jedem Winkel aus unter die Lupe nahm; stimmte er der eingeschlagenen Richtung zu, konnten Kurt und seine Bandkollegen wirklich reich werden, und wenn sie einmal reich wären, konnten sie tun, was sie wollten – das schloß natürlich auch ein, daß sie die Band dann auflösen könnten.

Dies war ein wagemutiger, aber nicht gerader neuer Gedanke. Fünfzehn Jahre zuvor hatten die Sex Pistols sich gnadenlos in Verruf gebracht, indem sie erst einen Plattenvertrag unterschrieben hatten und dann von der Plattenfirma fallengelassen wurden; danach hatten sie einen zweiten Vertrag unterschrieben und waren wieder gefeuert worden. Am Ende hatten sie damit etwa eine Viertelmillion Dollar verdient.

Und nun bot man Nirvana *viermal* so viel Geld, und dafür mußten sie nur bei einer einzigen Plattenfirma unterschreiben! Wer konnte die Gruppe schon daran hindern, ihre Band einfach aufzulösen, wenn sie ihre Schecks erst einmal eingestrichen hatte, sinnierte Kurt. Die Rechtsanwälte würden sich zwar verzweifelt die Haare raufen, doch das, was am Ende dabei herauskommen würde, war wirklich eine lockende Versuchung.

Allerdings wäre es auch eine Versuchung gewesen zu beobachten, wie weit Nirvana wohl ohne irgendwelche Hilfe kommen konnten. Letztendlich unterschrieb die Gruppe dann aber doch einen Vertrag mit Geffen, obwohl man ihnen mit 287 000 Dollar deutlich weniger angeboten hatte als andere Firmen – Capitol Records hatte scheinbar eine ganze coole Million in Aussicht gestellt – doch auch das konnte nichts an der Tatsache ändern, daß Nirvana am Ende des Tages eindeutig zu den Topgruppen gehörte.

»Unser Vertrag ist einer der besten, den je eine Band bekommen hat«, sagte Kurt einmal stolz. »Wir können in jeder Hinsicht selbst bestimmen, was wir spielen – das gleiche hatte auch Sonic Youth gefordert, als sie bei Geffen unterschrieben hatten –, und es liegt auch allein in unserer Hand, was wir veröffentlichen wollen. Wenn man dieses Recht wörtlich nimmt, dann heißt das, daß wir auch eine sechzigminütige Aufnahme mit den Geräuschen unserer Darmentleerungen abgeben könnten, und Geffen wäre trotzdem dazu verpflichtet, das Band zu veröffentlichen und dafür zu werben.«

Erst mal wollte Geffen allerdings einfach nur NEVERMIND auf den Weg bringen. Nirvana wehrte sich standhaft gegen Geffens Versuche, die Band mit einem Produzenten ›großen Namens‹ zusammenzubringen – zur Debatte standen zum Beispiel Scott Litt von R. E. M. und David Briggs, der Produzent von Neil Young. Die Gruppe wollte weiterhin mit Butch Vig zusammenarbeiten, auch wenn dieser noch nie zuvor ein Album für eine große Plattenfirma produziert hatte. Die Musiker selbst, so argumentierten sie, hätten das schließlich auch noch nie zuvor getan.

Im Mai 1991 begann die Gruppe im kalifornischen Van Nuys mit der Arbeit im Studio; dabei nahmen sie verschiedene Stücke, die eigentlich für das zweite Album bei Sub Pop vorgesehen gewesen waren, noch einmal neu auf. Das Budget belief sich mit 650 000 Dollar auf eine Summe, die fast genau eintausendmal größer war als die Summe, die Sub Pop ihnen bei ihrer ersten Aufnahme zur Verfügung gestellt hatte. Damals hatten sie zwar nur eine Single produziert – doch war ein Album denn etwas anderes als ein halbes Dutzend Singles?

Wenn Kurt über solche Dinge nachgrübelte, dann dachte er nicht nur an die Musik oder an das Geld, das er verdienen konnte. Kurt dachte in einer Hinsicht genauso wie viele andere Leute, die in den siebziger Jahren aufgewachsen waren und die – wenn auch nur aus der Distanz – am Ende des Jahrzehnts den Durchbruch der Punkmusik beobachtet hatten: Für sie war immer noch die Single das Medium, das für jede Art von Rockmusik am besten geeignet war. Ein einmaliges Aufbrausen, in dem alle Substanz verpackt war. Eben der ganze Sound einer Band, die damit gebündelt ihre Botschaft und den ganzen *Zeitgeist* rüberbrachte.

Das Album NEVER MIND THE BULLOCKS von den Sex Pistols war großartig, doch den Zauber von »Anarchy in the UK« konnten sie damit nicht noch einmal beschwören. The Clash hatte einen wahnsinnigen Einstieg, doch »White Riot« brachte in drei Minuten genausoviel rüber wie THE CLASH in mehr als dreißig Minuten. Diese Denkweise vertrat sogar der Singles Club von Sub Pop: ständig neue Bands und neue Sounds, und bei keiner Band mußte man länger als vier Minuten hinhören. Als Kurt gemeinsam mit

Vig und den übrigen Mitgliedern der Band Songs für das neue Album aussuchte, ging ihm der Gedanke durch den Kopf: Was würde mir dieses Lied wohl über die Leute sagen, die es geschrieben haben, wenn ich die Musik im Radio hören würde?

Die Aufnahmen für NEVERMIND schritten zügig voran; mit den Stücken »Territorial Pissings«, »In Bloom«, »Lithium«, »Breed«, »On a Plain«, »Come As You Are« und »Something in the Way« nahm das Album langsam Form an. Es wurde dann sogar so gut, daß man keinen einzigen Fehler mehr entdecken und keine einzige Schwäche hören konnte. »So rundum gute Platten sind nicht nur schwer zu finden«, schwärmte ein Kritiker in der *Alternative Press*, »... sie sind einem regelrecht unheimlich!« Mit diesen impulsiven Worten hatte er genau das auf den Punkt gebracht, was damals viele Leute dachten: Daß nämlich hin und wieder doch ein Album auf den Markt kommt, welches einfach alle Erwartungen übertrifft – ein Album, das *so* gut ist und *so* perfekt, daß man sich vorstellen kann, wie selbst die Mitarbeiter des Aufnahmestudios von der Musik ganz angetan waren; man kann sich regelrecht ausmalen, wie die Toningenieure im Kontrollraum, die Assistenten oder auch die Leute, die auf der Straße vorbeigingen, von dem magischen Klang der Musik in den Bann gezogen wurden und daß sie, wenn die Musiker dann schließlich zu spielen aufhörten, ganz benommen und in sich versunken fortgingen, weil sie von der Erhabenheit des Moments, den sie gerade erlebt hatten, wie betäubt waren.

NEVERMIND war jedenfalls ein solches Album, obwohl der magische Zauber nicht unbedingt sofort zu spüren war. Chris sagte sogar, daß er »Smells Like Teen Spirit« beim allerersten Hören und dann auch noch während der Aufnahmearbeiten gar nicht so berauschend gut fand.

Erst als er dann das Playback hörte, gab er zu, daß der

Song »echt rockig« klang; doch auch zu diesem Zeitpunkt hatte er noch keine Ahnung davon, was er da mitkreiert hatte. Genauso erging es aber auch den anderen Bandmitgliedern, der Plattenfirma und den Arbeitern an der Plattenpresse, die wiederum ihre Schalter betätigten und dann ausdruckslos zusahen, wie die schwarzen Singles oder die silbernen CDs aus der Presse fielen, um dann abtransportiert und verpackt zu werden.

Doch als dann am 27. August 1991 die ersten Exemplare von »Teen Spirit« an die amerikanischen Radiostationen weitergeleitet worden waren, da war plötzlich klar, daß irgend etwas im Gange war. In Seattle fiel die Veröffentlichung der Platte beinahe genau mit dem Tag zusammen, an dem ein neuer alternativer Radiosender sein Programm startete. Radio KNDD wurde wohlwollend ›Das Ende‹ genannt, und das lag nicht nur an den Höreranrufen, die hier über den Sender gingen, sondern auch daran, daß sich die Frequenz 107,7 FM ganz am Ende der Skala befand. Doch Radio KNDD spielte beinahe von Anfang an »Teen Spirit« – es war eben ein neuer Song für einen neuen Sender.

Der Radiosender WOZQ, der aus dem Smith College in New England sendete, spielte den Song seinerzeit in einer einzigen Woche siebenundsechzigmal, einmal davon sogar in einer Reggae-Sendung!

MTV stieg schnell in das verlockende Geschäft mit ein und zeigte in der Sendung *120 Minutes* als erster Sender in einer groß angekündigten Weltpremiere das Video »Teen Spirit«, ab Oktober sendeten sie dann alle Viertelstunde Ausschnitte daraus! Bei der Plattenfirma Geffen behauptete man, daß sich das Album NEVERMIND, das damals ja schon beinahe einen Monat lang auf dem Markt war, ohnehin bereits auf bestem Wege dazu war, ein goldenes Album zu werden, und zwar noch bevor MTV das Video einigermaßen regelmäßig brachte; man war dort auch der Meinung, daß MTV nur als ›Multiplikator‹ gedient und dafür gesorgt habe, daß noch mehr Platten von der bereits gutgehenden Band verkauft wurden.*

Doch bei dieser Analyse hatten die Leute von Geffen nicht berücksichtigt, welchen Einfluß MTV auf die Zuschauer in den USA hat, denn MTV erreicht mit seinem Programm zum Beispiel auch Gemeinden, die vielleicht nicht einmal einen alternativen Radiosender und mit Sicherheit keinen alternativen Plattenladen haben. Später verständigte man sich darauf fest, daß »Smells Like Teen Spirit« auf jeden Fall wichtig war, weil das Stück sämtliche Gattungsgrenzen durchbrach, die während der neunziger Jahre in der Rockmusikszene entstanden waren.

Es stimmt zwar, daß diese Grenzen durchbrochen wurden, doch geschah dies nicht, weil etwa alle Leute irgendwie im stillen auf das neue Nirvana-Album gewartet hätten, und wie auch? Die meisten kannten ja noch nicht einmal den Namen der Band, als sie »Teen Spirit« zum ersten Mal hörten. Die Gattungsgrenzen wurden einfach durchbrochen, weil es jetzt an der Zeit war, und indem die Grenzen überschritten wurden, verwischten sie zusehends. Man konnte »Teen Spirit« fortan bei alternativen Radiosendern hören, aber auch bei Sendern, die sich auf Metal spezialisiert hatten; denn beim Hardrock-Radio hatte man genauso wie in den anderen Stationen mitbekommen, was auch Kurt bereits sechs Monate zuvor erkannt hatte.

Es sind eben nicht hervorragende Alben, auf die es ankommt, sondern wer groß herauskommen will, muß eine tolle Single auf den Markt werfen. Und da stand »Smells Like Teen Spirit« als grandiose Single zusammen

* Bis Dezember 1991 waren 370 000 Kopien des Videos verkauft, von dem Album BLEACH hatte Geffen bis zu diesem Zeitpunkt 70 000 Stück verkauft. – *Anm. d. Red.*

mit »Anarchy« und »Hound Dog«, »Metal Guru« und »Rock and Roll Parts one and two« an der Spitze der Charts. »Wenn ›Teen Spirit‹ aus dem Radio dröhnt, dann hört sich den ganzen Tag lang kein einziger anderer Song mehr so richtig gut an«, schrieb *Alternative Press* einmal und traf damit den Nagel auf den Kopf. »Der wilde Pop ist jetzt absolut out; wenn man nur ein kleines bißchen nachhilft, dann wird er endgültig den Bach runtergehen und wird zur Legende.«

Der Song wurde in vielerlei Hinsicht verwertet. Als die Single ihren Spitzenplatz in den Charts noch nicht erobert hatte, schickte MTV Kamerateams auf die Straße und befragte die Leute, ob sie eine Ahnung hatten, wovon der Text des Liedes eigentlich handele. Einige der Befragten hatten einen Teil aufgeschnappt, andere wiederum glaubten eine andere Textstelle verstanden zu haben, doch im Grunde hatten sie allesamt keine Ahnung, worum es in dem Stück eigentlich ging. Der Komiker Weird Al Yankovich machte sogar einen Beitrag aus diesen Szenen der Verwirrung und untermalte sie mit einer Melodie, die dann in die Popmusik einging: »Wo ist das Textblatt, wie lauten die Worte, oh, never mind ...«

Doch nicht nur die Fans von Nirvana waren verwirrt. Gina Arnold, die die Gruppe damals schon ziemlich lange kannte, schrieb in ihrem Buch ROUTE 666 ON THE ROAD TO NIRVANA: »Als ich erfuhr, daß Nirvana mit NEVERMIND auf Platz 1 der Charts gelandet war – also mit einem Album, dessen erste Textzeile (von »Teen Spirit«) mit den Worten: ›Load up on drugs and kill your friends‹ (Anmerk. d. Übers.: Pumpt euch mit Drogen voll und killt eure Freunde) beginnt – da war mein erster Gedanke ›Präsident Bush wird nicht wiedergewählt‹.« Was sie wohl gedacht hätte, wenn sie den wahren Text gekannt hätte, der nämlich lautete: ›Load up on *guns* and *bring* your friends‹ (Anmerk. d. Übers.: Besorgt euch Waffen und bringt eure

Freunde mit). In Wahrheit klingen die Worte eher wie ein Anreiz, die Republikaner zu wählen.

Nirvana landeten Ende Dezember 1991 mit dem Album NEVERMIND an der Spitze der Charts und verdrängte damit Michael Jackson mit DANGEROUS von seinem ersten Platz; noch in der gleichen Woche schloß sich die Gruppe der jüngsten Tournee der Red Hot Chili Peppers an und trat im Programm als zweite Gruppe auf. Nirvana war nur für einige wenige Konzerte engagiert worden; unter anderem gaben sie im Cow Palace von San Francisco ein Sylvesterkonzert. Von da aus fuhr die Band dann allein an die nordwestliche Pazifikküste, um dort mit ihren eigenen Festivals und Konzerten Schlagzeilen zu machen.

In den Wochen, in denen Nirvana sich die Bühne mit den Peppers geteilt hatte, war die Gruppe zwischen zwei Musikrichtungen eingebettet gewesen; da war auf der einen Seite die funkige Musik der Peppers und auf der anderen Seite der Hardrock von Pearl Jam, die die Konzerte eröffneten. Doch gleichzeitig konnten Nirvana während dieser Zeit plötzlich auch ihren eigenen Stil stärker zum Ausdruck bringen und damit letztendlich auch den der alternativen Musik im allgemeinen zum Durchbruch helfen. In der Heimatstadt von Grateful Dead etwa, einer Stadt, in der der Sylvesterabend traditionell allein Deadheads* gehörte, versammelten sich 15 000 Kids, um den Ballast ihrer Vergangenheit abzuwerfen, einer Vergangenheit, an die sich die meisten gar nicht richtig erinnern konnten, weil sie einfach noch zu jung waren, einer Vergangenheit aber auch, die sie aber dennoch in Schach gehalten hatte – und all diese Kids zelebrierten jetzt ihre *eigene* Musik auf *ihre eigene Weise*.

In jener Nacht endete Nirvanas sorgfältig vorbereitetes

* Deadheads: Bezeichnung für die ›echten‹ Fans der Gruppe Grateful Dead – *Anm. d. Red.*

Programm der Selbstzerstörung damit, daß die Leute der Band absichtlich alle Schrauben an ihren Instrumenten lösten, um deren bevorstehende Zerstörung noch zu beschleunigen. Nach dem Konzert fühlten sich ein paar Kritiker und vielleicht auch einige Fans betrogen, aber vielleicht hatten Nirvana diese Nummer ja gerade deshalb gebracht. Sie mußten nicht befürchten, daß sie etwa wie Idioten dastehen würden, wenn sie ihre unnachgiebigen Instrumente auf dem Verstärker zerschlugen – denn sie taten es, *weil man so eben normalerweise nicht war*. Nach dem Erfolg von »Teen Spirit« war bei Nirvana drei Monate lang nichts so gelaufen, wie es eigentlich hätte laufen sollen.

Und daran sollte sich auch in den kommenden drei Jahren nichts ändern.

6

Kurt nahm den Mund immer ganz gern voll. So erinnert sich ein ehemaliger Mitarbeiter von Sub Pop lebhaft daran, wie er einmal daherkam und wissen wollte, wann das Label ihn denn nun endlich zum Star machen würde. Und Ende 1990 vertraute er dem britischen Musikmagazin *Sounds* an: »Mein ganzes Leben lang habe ich immer davon geträumt, ein großer Rockstar zu werden.«

Er hatte sich sogar bereits ausgemalt, wie er das am besten anstellen könne. Im selben Magazin verkündete er, seine neuen Songs – diejenigen, die er später in NEVERMIND einspielen sollte – seien viel poppiger als die älteren auf BLEACH. (Dazu hatte er sich auch schon einen griffigen Spruch einfallen lassen: »Der Angriff von Black Flag auf die Bay City Rollers ...« – in der jüngsten Pressemitteilung von Nirvana prangt das tatsächlich an oberster Stelle.) Nun, mangelndes Selbstbewußtsein kann man ihm bestimmt nicht vorhalten. »Wir können uns durchaus vorstellen«, tönte er im selben Gespräch mit *Sounds*, »daß wir mal im Radio landen und dann auch ein bißchen Geld verdienen.«

Kaum war die Scheibe auf dem Markt, waren sie aus dem Radio praktisch nicht mehr wegzudenken, und sie verdienten mehr als nur ein bißchen Geld. Bis zur Veröffentlichung von NEVERMIND hatte Geffen gerade mal 550 000 Dollar für die Promotion investiert. Vier Monate danach waren allein in den Staaten drei Millionen Exemplare über den Ladentisch gewandert. Ein Vertreter der Firma konnte sogar stolz darauf verweisen, daß er das Budget für die Werbung nicht voll in Anspruch hatte nehmen müssen: »Die Sache läuft von selbst.«

Das rief natürlich die Historiker der Popmusik auf den Plan. Eilig kramten sie in den Archiven nach vergleichbaren Fällen, mußten aber bis ins Jahr 1975 zurückgehen. Damals waren erst Bruce Springsteen und kurz darauf Peter Frampton auf eine Goldader gestoßen ... Der Unterschied ist freilich, beide hatten zu der Zeit bereits eine riesige Karriere hinter sich und hatten sich ihre gewaltigen Dividenden in Form von zig goldenen Platten im Schweiße ihres Angesichts verdient. Sie hatten sich auf ihren Tourneen heiser genug gesungen und die richtigen Kontakte geknüpft.

Bei Nirvana galten andere Voraussetzungen. Gut, auch sie waren ständig auf Achse gewesen; nachdem sie NEVERMIND fertig aufgenommen hatten, traten sie Nacht für Nacht in Clubs in Amerika auf, dann ging es ab zu den europäischen Festivals, und kaum landeten sie wieder daheim, ging die Ochsentour in den Clubs von vorne los. Erst als die Verkaufszahlen in die Höhe schossen, lernten sie auch die größeren Säle von innen kennen.

1975 hatte Amerika verzweifelt einen neuen Messias des Rock gesucht. Einen mit der Ausstrahlung eines Bob Dylan, dem Charme der Beatles, der Power der Stones. Springsteen und Frampton lagen in der Publikumsgunst zunächst gleichauf; beide genügten je zwei der drei Kriterien. Springsteen erwies sich bald jedoch als der beständigere. Während er zur Gottheit erhoben wurde, gelang Frampton nur noch eine nicht mehr ganz so heiße Platte, und danach verschwand er praktisch über Nacht.*

Zu Beginn der neunziger Jahre waren die Anforderungen bei weitem nicht so hoch. Die aktuellen Heroen

* Just dieser Tage tauchte er wieder aus der Versenkung auf, um – von seinem Äußeren her noch immer der jugendlich anmutende Beau – mit bravem Haarschnitt eine ebenso brave neue Scheibe vorzulegen: »Peter Frampton« (April 1994/SONY-Columbia). – *Anm. d. Red.*

mußten sich nicht mehr mit den Idolen vergangener Generationen messen lassen. Ein Superstar verrichtete plötzlich seine Arbeit mit Höhen und Tiefen wie jeder andere auch. Die Jagd auf Autogramme ließ mit einem Schlag nach. Von einem Klempner erwartete man ja auch nur, daß er das verstopfte Rohr wieder hinkriegte – sollte es bei einem Star etwa anders sein, nur weil er eine gute Show abgeliefert hatte?

»Als ich mit dem Punkrock anfing, hieß es überall: ›Nieder mit den Rockstars!‹« erzählte Dave Grohl in der *Alternative Press*. »Und Autogramme waren in der gesamten Punkszene total verpönt.« Aber mit einem Schlag wurden die Leute von Nirvana von den Fans so heftig bedrängt, daß Kurt irgendwann witzelte, sie sollten sich doch einen Stempel mit der Aufschrift ›Autogramm‹ besorgen. Als Kind wäre ihm im Traum nicht eingefallen, Evel Knievel um seine Unterschrift zu bitten – wie konnten ihn da seine Fans belagern? Andererseits war die Zeit nicht stehen geblieben …

Die Starmaschinerie, die früher einmal soviel Aufhebens um sich gemacht hatte, war eben nicht tot. Eine Zeitlang hatte sie lediglich auf dem Abstellgleis gestanden, weil keiner sie gefüttert hatte. Stars, richtige Superstars liegen nun mal nicht auf der Straße und warten auch nicht darauf, entdeckt zu werden. Der nette Junge oder das tolle Mädchen von nebenan haben trotz Klampfe und ultraschickem T-Shirt nicht notwendigerweise das Zeug dazu, und wenn die Pressefritzen die Kids mit noch so aufwendigen Kampagnen benebeln.

Herstellen lassen sie sich genausowenig – eine Heerschar von gestrandeten Musikern ist der mehr oder weniger lebende Beweis. Eine gute Million liegt in den Straßengräben und trauert ihren zerbrochenen Träumen nach. ›Ich hätte doch das Zeug dazu gehabt!‹ schluchzen sie alle. Dummes Geschwätz ist das! Und lügen wir uns nicht in die Tasche: Bei Kurt sah es nicht anders aus, als er damals die Leute von Sub Pop aufforderte, einen Star aus ihm zu machen.

Er wurde es dann zwar doch, aber nur weil er im Grunde keiner sein wollte. Er wollte nichts als von seiner Musik leben. Bei den meisten ist es nicht anders. Sie träumen davon, ein Gott zu sein und sich jede Nacht mit Koks vollzuknallen – und wenn das dann alles wäre, wären sie zufrieden. Aber es ist leider nur der Anfang. Denn ein Star ist tatsächlich eine Art Gott, doch damit trägt er eine Last, die sich kaum einer aufhalsen wollte, geschweige denn könnte. Am allerwenigsten Kurt Cobain.

Am treffendsten hat *Alternative Press* den Sachverhalt umschrieben: »Im September 1991 waren Nirvana nur eine lokale Kultband, das neueste alternative Häppchen aus Geffens Schlund. Im Oktober waren sie U2 und Springsteen, Presley und die Pistols, und das alles zusammengerollt zu einem einzigen explosiven Bündel.« Nun, wenn ihre Bewunderer nichts anderes von ihnen erwartet hätten, wäre die Sache vielleicht noch gut ausgegangen.

Ist sie aber nicht. Denn plötzlich war Nirvana nicht nur Bono und Bruce; die Gruppe verkörperte zugleich auch noch Roseanne und Oprah – sie war das dreiköpfige Mädchen aus den Schlagzeilen, Elvis als Verkäufer auf einem Billigmarkt in Kansas, ein Heilmittel gegen Krebs, die Ursache ganz gewöhnlicher Erkältungen, kurz: alles, was in den Supermärkten KAUF MICH kreischt.

»Viele schauen uns an und fragen sich, worüber wir bloß jammern«, bemerkte Dave in einem Interview im Juni 1993, als Nirvana sich für die Kampagne für ihr drittes Album rüsteten. »Geld, Ruhm, Groupies, die Welt zu meinen Füßen – damit hätte ich nicht die geringsten Probleme. Nur eins entgeht ihnen dabei, und sie werden es wahrscheinlich nie begreifen, es sei denn, ihnen stößt dasselbe zu: es ist die Art und Weise, wie der Erfolg wirklich alles über Nacht verändert hat.« Ein paar Sätze später sinnierte Dave darüber, daß die Band im Prinzip zu seinem Lebensinhalt geworden sei: »Ich könnte dreiundvierzig und Englischlehrer sein – und wäre immer noch der Schlagzeuger von Nirvana.«

Ins gleiche Horn stieß Kurt, als er sich an die Zeit kurz vor und nach NEVERMIND erinnerte: »Es war, als wäre die Welt am Abend noch in Ordnung gewesen, und am nächsten Morgen hätten sie in den Nachrichten gesagt, ich sei ein entflohener Kindermörder.« Und als ob er das erst dann gemerkt hätte, als die Brandbomben schon auf seinem Bett landeten.

»Natürlich haben wir hysterisch reagiert!«

Damit widerspricht er seinen eigenen Behauptungen vom April des gleichen Jahres, als Nirvana zum erstenmal das Titelblatt des *Rolling Stone* zierten. Auf die Frage, wie er denn mit dem unverhofften Ruhm umgehe, hatte Kurt damals noch geantwortet: »Das alles berührt mich weniger als es vielleicht den Anschein hat ... Ich bin nicht so, wie viele Journalisten mich immer darstellen. Ich habe eher eine ziemlich lockere Einstellung dazu.«

Wer ihn kannte, wußte freilich etwas ganz anderes zu berichten. Und diese Storys machten auch schnell die Runde. Nils Bernstein, der heute in der Presseabteilung von Sub Pop arbeitet, mutmaßte: »Die Leute sehen ihn alle als einen Gott an, und das kotzt ihn an. Er bekommt so das Gefühl vermittelt, er sei etwas Höheres, obwohl er spürt, daß ihm soviel Bedeutung gar nicht zusteht ... Am liebsten würde er jeden, der ihn fotografiert, erwürgen.«

Dergleichen wollte Kurt jedoch nicht gelten lassen. Zwar räumte er ein, »daß wir wohl fast eine Nummer zu groß geworden sind«, aber der Haken an der Sache ist das Wörtchen ›fast‹. Das klingt beinahe so, als hätte er nichts dagegen gehabt, auf der Erfolgsleiter erst noch ein paar

Stufen höher zu klettern. »Von früh bis spät bestehe ich jetzt ich nur noch aus Nirvana ...«

Auch wenn es ihm zunehmend schwerfiel, »mich für den Anfang der Show unter das Publikum zu mischen, weil einfach jeder um ein Autogramm bittet«, brachte er dennoch auch weiterhin die Energie dazu auf. Mit Erfolg, wie er meinte: »Ich lerne, damit umzugehen.«

Doch stimmte das wirklich? Um wieder *Alternative Press* zu zitieren: »Todd Rundgren hat die Formulierung geprägt, aber Kurt Cobain hat sie sich zueigen gemacht – das ewige Leiden des Künstlers als sein Erfolgsgeheimnis. Nur hat er nicht verbal mit dem Ruhm kokettiert, sondern mit seinem gesamten Sein, und erst als es zu spät war, erfuhr er, daß auch er nur eine von vielen uralten Gleichungen darstellte.«

1993 verfertigte *AP* ein Porträt von Nirvana. Es wurde gleich übel verrissen, weil der Autor überaus behutsam mit Cobain umging. Einige meinten wohl, der Ruf der Bandmitglieder, hoch komplizierte Querdenker zu sein, rechtfertige jeden Hinrichtungsjournalismus. Dabei ging es ihm in Wirklichkeit nur darum, die Musiker ohne jedes Beiwerk zu zeigen und sie in einem Restaurant am Broadway von Seattle einfach reden zu lassen. Und es schien auch ganz gut zu klappen.

»Persönlich«, so urteilt der Schreiber, »fand ich Cobain ungemein sympathisch, aber die Eigenschaften, die ich an einem Menschen schätze, müssen sich nicht notwendigerweise mit denen des ersten Superstars des amerikanischen Punk decken. Es sei denn, sie lassen sich etwas revidieren. So ist seine natürliche Zurückhaltung als Gleichgültigkeit ausgelegt worden, seine Bescheidenheit als Paranoia, seine Aufrichtigkeit als Arroganz, seine Intelligenz als Dünkel. Und dann kommt ein Journalist aus San Francisco daher und prangert diese Burschen an, bloß weil sie so widerborstig sind und eine ungesund blasse Haut haben ... ›O Gott, sieh doch, Mama, jetzt müssen wir schon wieder mit so einem heroinsüchtigen Popstar spielen!‹«

Offen angesprochen wurde Kurts Drogenkonsum zum erstenmal 1992 in der Januarausgabe des San Franciscoer Magazins *BAM*. »Der Sänger nickte mitten im Satz ein«, heißt es da. Und seine physischen Symptome hätten den Schluß nahegelegt, es handle sich um »etwas Ernsteres als bloße Müdigkeit.«

Zwei Monate später berichtete die Zeitschrift *Hits*, Kurt sei beim »Slam Dance mit Mr. Brownstone gesichtet worden.« Die Erklärung für diesen rätselhaften Begriff lieferte wenig später der *Rolling Stone*: »Der Slangausdruck der Guns n' Roses für Heroin«.

Kurt reagierte prompt. In einer Gegendarstellung belehrte er das Magazin, daß nicht nur das mit dem Heroin Quatsch sei, er habe auch mit dem Trinken aufgehört, »weil das mir nur den Magen kaputtmacht. Selbst wenn ich wollte, mein Körper würde überhaupt keine Drogen verkraften, denn ich bin die ganze Zeit unheimlich schlapp.« Außerdem sind Drogen »die reine Zeitverschwendung. Sie zerstören das Gedächtnis, die Selbstachtung und alles andere, was damit zusammenhängt. Sie sind nichts als schädlich.« Er leugnete nicht, daß er sie natürlich auch ausprobiert hatte, »aber was mich betrifft, habe ich gemerkt, daß man damit nur seine Zeit vergeudet.«

Wenn das zutrifft, hatte Kurt kolossal viel Zeit verschwendet. Laut Michael Azerrad, Autor von COME AS YOU ARE, griff Kurt zum erstenmal wieder kurz vor der Gründung von Nirvana im November 1990 zur Spritze. Besonders beeindruckt war er nicht. »Es war ein Reinfall und es ist dumm. Man ekelt sich vor sich selbst. Ich wollte es eigentlich nur ausprobieren.« Vielleicht löste auch nur David Grohls (angewiderte) Miene seine Reaktion aus; wie dem auch sei, Kurt wirkte aufrichtig zerknirscht und versprach: »Keine Angst, ich tu's nie wieder.«

Tatsächlich tat er es jedoch ungefähr einmal pro Woche, einfach so, wie so vieles andere auch. Das war der eine Grund. Den anderen vertraute er seiner Ex-Freundin Tracy an: Er fühlte sich dann immer gesellig. Einmal – damals hatte er noch Kokain geschnupft – war das ein Problem gewesen. Jetzt war es angesichts des Ruhms schiere Notwendigkeit.

Kurt tat sein Möglichstes, um den Drogenkonsum geheimzuhalten. Lange gelang ihm das auch. Aber dann fiel Chris auf, daß er sich stets mit den selben Leuten oder der selben Art von Leuten umgab, und ihm dämmerte, daß Kurt längst über das Stadium des Experimentierens hinaus war.

»Bei Gigs laufe ich Chris öfter hinter den Kulissen über den Weg«, offenbarte Kurt einmal. »Und da tut er immer so, als würde er mich gar nicht kennen. Ich spüre genau, was er denkt. ›Ach, Scheiße! Nicht schon wieder dieser Junkie! Na ja, wenn ich nicht hinschaue, bemerkt er mich vielleicht gar nicht, weil er schon so high ist.‹«

Dieser Angriff verlor vielleicht ein bißchen an Schärfe, weil Kurt vor einem von Geffens Redakteuren über Chris herzog, trotzdem bestand kein Zweifel mehr daran, daß Chris wie auch Dave seinen immer mehr ausufernden Drogenkonsum auf das schärfste mißbilligten.

Eine Weile sah es sogar so aus, als könnte die Band deswegen auseinanderbrechen. Chris war der erste, der zugab, daß auch er vorübergehend Probleme gehabt hatte, allerdings mehr mit Alkohol und nicht so sehr mit Rauschgift. Aber nachdem er sie überwunden hatte, konnte er nicht begreifen, warum Kurt einfach weitermachte. Schließlich hatte Kurt ja auch nicht gerade sein ganzes Leben lang Heroin gedrückt – erst als mit NEVERMIND im

Leben der Bandmitglieder alles drunter und drüber geraten war, hatte er angefangen, Trost in Dingen zu suchen, die über die gewöhnlichen Vergnügungen der Spät-Teenager hinausgehen. Gleichwohl gilt festzuhalten, daß der Druck auf Nirvana nachließ, als sie den Kuddelmuddel um sich herum etwas besser in den Griff bekamen. Auf der anderen Seite schuf Kurt ständig neue Probleme.

In genau dieser Zeit schrieb Kurt jedoch die besten Songs seines Lebens. Weder er noch – Gott sei Dank – die Taschenformatpsychologen der Popmusik brachten seine Renaissance als Komponist à la John Lennon auf Acid mit Rauschgift in Zusammenhang. Dennoch drängt sich die Frage geradezu auf.

Wann hörte Kurt eigentlich damit auf, Sachen wie »Floyd the Barber« zu schreiben, um statt dessen »Teen Spirit« zu fabrizieren? »Teen Spirit« und »Come As You Are« – von allen Stücken auf NEVERMIND, in denen wohl die größte Power steckt – entstanden bezeichnenderweise, nachdem Kurt mit Heroin angefangen hatte. Nun, die Anti-Junk-Fraktion weist unermüdlich darauf hin, daß nichts so sehr die Sinne trübt wie Heroin. Trotzdem gab es – für Kurt zumindest – nichts, das so nachhaltig gegen innere Schranken und Hemmungen wirkte.

Laut Kurts eigenem Eingeständnis handelten seine Songs jetzt erstmals von persönlichen Gefühlen. BLEACH, so sagte er, habe nichts mit seinen Emotionen zu tun gehabt, und sogar jetzt noch »arbeite ich selten lange an ein und demselben Thema. Irgendwann langweilt es mich, und dann schweife ich einfach ab, so daß das Stück meistens mit einem völlig anderen Gedanken aufhört.«

Zumindest hat »Teen Spirit« bei sehr vielen Leuten einen Nerv getroffen, egal ob das nun an der Unverständlichkeit lag (wer wollte, konnte den Text erst neun Monate später mitsingen, als er auf der CD-Single »Lithium« abgedruckt wurde), am leidenschaftlichen Ton, oder an einem Phänomen, das Butch Vig so umschrieben hat: »Ich weiß gar nicht genau, was ›Teen Spirit‹ ausdrückt, aber jeder spürt die Intensität, und die geht einem unter die Haut.«

Diese Intensität wurde in Kurt durch das Heroin zu neuem Leben erweckt, und für ihn bedeutete sie eine andere Erfahrung als die Litanei aller möglichen Gebrechen, die ihn sonst regelmäßig quälten – Magenkrämpfe, unter denen er sich bisweilen krümmte und die ganze Heerscharen von Ärzten auf Trab hielten; regelmäßig wiederkehrende Kreuzschmerzen als Folge einer Rückgratverkrümmung; eine chronische Bronchitis; und schließlich alle möglichen Nebenwirkungen, weil er mit tausend Medikamenten den Wurzeln seiner Übel zu Leibe hatte rücken wollen.

»[Kurt hatte] etwas Selbstzerstörerisches an sich«, erklärte Chad Channing der Journalistin Jo-Ann Greene. »Er konnte ungemein rücksichtslos gegen sich selbst sein, besonders in der Anfangsphase.« Aber das meiste davon ging auf das Konto seiner labilen Gesundheit. »Bei jeder Tournee machten ihm ständig der Magen, eine Bronchitis oder sonst etwas zu schaffen. Das brachte ihn so auf die Palme, daß er einen Stock packte und sich wie wild gegen die Brust schlug, weil er hoffte, (der Schleim) würde sich dann lösen ... ›O Mann! So ein Mist!‹«

Von den Ärzten sagte Kurt einmal: »Die wollen nur mein Geld nehmen und mir am Arsch rumfingern.« Die Heroindealer waren zwar mindestens genauso scharf auf sein Geld, aber wenigstens boten sie ihm Trost dafür.

Ende November 1991 – seine Beziehung mit Courtney Love hatte damals gerade zwei Monate Bestand – brachte er seine neue Freundin in Amsterdam auf den Geschmack. Böse Zungen wollen es anders herum gesehen haben, aber Kurt widersprach energisch: *Ich* habe den Vorschlag gemacht. Es war *meine* Idee.«

Kurz nach ihrer Rückkehr aus Europa verloren sie ihr erstes gemeinsames Zuhause. Eric Erlandson, der Gitarrist der Gruppe Hole, warf sie aus der Wohngemeinschaft hinaus, weil er das ständige Spritzen nicht ab konnte. Ihre neue Heimat fanden die Cobains in den folgenden Monaten in wechselnden Zimmern von Viersternehotels.

Bei der Red-Hot-Chili-Peppers'-Tournee Ende 1991 sank die Stimmung in der Gruppe auf den Nullpunkt. Kurts Eskapaden waren für die anderen schlichtweg eine Zumutung. Wenn auch seine Auftritte selbst nicht unter dem Drogenkonsum litten, physisch wirkte er stark mitgenommen. Im günstigsten Fall sah Kurt aus wie eine wandelnde Leiche. In manchen Nächten konnte man den Eindruck bekommen, ein wildgewordener Zombie fuhrwerke auf der Bühne herum. Wer sein kleines Geheimnis kannte, staunte nicht so sehr darüber, wie, sondern vielmehr daß der Kerl es überhaupt noch fertig brachte, zu funktionieren.

Weil Kurt weiterhin auftrat, hielten die Gerüchteköche fürs erste still, auch wenn er wirklich erbärmlich aussah. Aber als dann BAM die Dinge schließlich beim Namen nannte, wurde eine wahre Lawine losgetreten.

Bald sah es natürlich so aus, als hätte jeder von Anfang an Bescheid gewußt, und die Storys hatten Hochkonjunktur. Plötzlich gehörte es zur Allgemeinbildung, daß Kurt vor Nirvanas Auftritt im *Saturday Night Live* am 11. Januar 1992 gefixt und später gekotzt haben soll. Ganz gierig war man auf die Berichte bestimmter Sensationsschmierer, die nach Cobains Umzug in die Spaulding Ave in L. A. seine Mülltonne durchwühlt hatten und auf von brennenden Stummeln durchlöcherte Wolldecken gestoßen waren – ein eindeutiger Beweis dafür, daß irgendwer Nacht für Nacht mit der brennenden Kippe in der Hand einschlief. Und jeder will gesehen haben, wie stoned Kurt war, als er zu seiner Hochzeit aufkreuzte.

Es ist schon erstaunlich leicht, dem Drogenkonsum einen besonderen Anstrich zu geben – nicht nur vor sich selbst (oder denen, die man liebt), sondern auch der Allgemeinheit. Die Wurzel liegt in dem anscheinend ewigen (und bis zum Überdruß geführten) Kampf zwischen dem Rock/Pop-Establishment und jenen moralisch/religiösen Gruppen, die ›uns alle‹, um den unsterblichen Spruch der britischen Band Charter USM etwas abzuwandeln, »am liebsten auf dem Scheiterhaufen verbrennen würden, weil wir Punkrock spielen.« 1984 zum Beispiel faßten die Gebrüder Dan und Steve Peters vom Zion Christian Center ihre flammenden Predigten gegen die Rockmusik mit der Warnung zusammen: »Der Teufel findet dann am ehesten Eingang in unsere Seele, wenn wir am wenigsten mit ihm rechnen.« Und natürlich rechnet keiner mit ihm, wenn er sich mit Rauschgift vollgepumpt hat! »Rock, Drogen und der Tod sind auf ewig miteinander verflochten!«

Gary Hermann, der Autor von ROCK & ROLL BABYLON, haut mit vielleicht etwas weltlicheren Argumenten in die gleiche Kerbe: »Drogen wurden früher einmal für den Weg zu einer neuen Form des musikalischen Ausdrucks gehalten. Heute ... sieht man im massenhaften Mißbrauch von Rauschgift allzuoft den Beweis oder die Belohnung für den Aufstieg zum Rockstar. Und während Drogen konsumiert werden, damit Musik produziert werden kann, und Musik gemacht wird, damit Rauschgift konsumiert werden kann, haben die Künstler, die Musik und die Fans mehr verloren, als die Bullen ihnen je nehmen könnten.«

Selbst Kurt gab zu, daß seine Sucht nicht ganz so romantisch war, wie sie aus der Distanz vielleicht aussah. Die ständigen, wenn auch oft versteckten Hinweise in der Presse, setzten ihm zweifellos zu. Er lebte zunehmend in der Angst, die Polizei könnte bei ihm zu Hause hereinplatzen, ihn gegen die Wand drücken, nach den nicht mehr zu leugnenden Einspritznarben absuchen und ins Gefängnis karren. Dort, dessen war er sicher, würden sie ihn auf Zwangsentzug setzen und wahrscheinlich bis zum Tod vor sich hinvegetieren lassen. »Wenn das nicht gruselig ist ...«

Und doch predigen die Chronisten der Rockmusik schamlos die Litanei ihrer Märtyrer herunter und werden nicht müde, ihre Genialität wie auch ihren Tod dem Drogenkonsum zuzuschreiben.

Jimi Hendrix schluckte vor jedem Konzert dreißig Mikrogramm Acid. Und wenn er mit seiner Gitarre die unglaublichsten Dinge anstellte, dann lag das daran, daß er in seinem Bewußtsein die unglaublichsten Dinge erlebte. Laut Legende trat Johnny Thunders nie clean auf die Bühne. Beach Boy Dennis Wilson sprach in aller Öffentlichkeit von seinem massiven Drogenkonsum in der Zeit, in der die Gruppe ihr bahnbrechendes Album SMILE eingespielt hatte. Janis Joplin schließlich faßte ihre Ziele mit diesem Eingeständnis zusammen: »Mein ganzes Leben lang wollte ich nur immer ... high sein, vögeln und gut drauf sein.« Oder anders ausgedrückt: Schnell leben, jung sterben und eine schöne Leiche hinterlassen.

Kurt war nicht dumm. Ihm war bewußt, daß jeder Schuß der letzte sein konnte, solange die Behörden durch die Freigabe des Drogenkonsums nicht den Markt regulierten und den schwarzen Schafen unter den Händlern mit dem unreinen Schund das Wasser abgruben. Er war ja Fan der Sex Pistols, und Sid Vicious' Schicksal stand ihm deutlich vor Augen. Der hatte sich gleich nach seiner Entlassung aus Rykers Island den ersten Schuß seit zwei Monaten gesetzt. Leider hatte er nicht geahnt, daß der Stoff zu neunzig Prozent rein war ... Kurt kannte die Risiken sehr wohl und wußte, daß sie in keiner Relation zum Nutzen standen.

Zugleich war er ein Meister in der Kunst des Verdrängens – nicht im psychologischen Sinne, wie nach seinem Tod kolportiert wurde, wonach er dem typischen Trugschluß der Junkies von der eigenen Unsterblichkeit erlegen sei. Nein, Kurt machte sich vor, seine Gesundheit und Schaffenskraft seien im Grunde ungebrochen. »Vor einem Journalisten bin ich noch nie umgekippt«, beschied er 1993 *Alternative Press*. Zur Erinnerung: Ein Jahr zuvor hatte er den Lesern des *Rolling Stone* versichert, Drogen seien die reinste Zeitverschwendung.

Sein Gesprächspartner war damals Michael Azerrad gewesen. Dieser hatte Cobains Einlassungen getreu und ohne jeden Kommentar wiedergegeben, obwohl für ihn schon festgestanden hatte, »daß der Kerl ein Junkie war«. Als er wenige Monate später mit einer Biographie der Band beauftragt wurde, stellte er Kurt wegen seiner Lüge zur Rede.

Kurts Antwort wirft ein Schlaglicht auf seine Persönlichkeitsstruktur. In vielerlei Hinsicht spiegeln sich darin die schrecklichen Konflikte, die er sich als neu entdecktes (wenngleich unfreiwilliges) »Sprachrohr einer ganzen Generation« aufgehalst hatte. »Ich hatte die Verantwortung. Ich war für die Kids verantwortlich, sie durften nichts von dieser Drogengeschichte erfahren.« Diese Rolle war schwierig, ja beängstigend für ihn, »aber es gibt nun mal eine ganze Menge von Leuten, die sich mit dem, was ich sage, identifizieren.« Sein Problem dabei war: »Ich bin genauso verwirrt wie alle anderen. Ich habe auch keine fertigen Antworten.«

Interessanterweise konnte Kurt Drogen für Tage, sogar Wochen durchaus streichen, wenn es darauf ankam.

Möglicherweise sorgte gerade das für seine zunehmende Unberechenbarkeit. Bei ihm wußte man nie, ob er gerade etwas genommen hatte oder nicht. Genausowenig konnte man die Hand dafür ins Feuer legen, daß seine

Versuche, sich einer Entwöhnung zu unterziehen, wirklich ernst gemeint waren. Während Courtneys Schwangerschaft setzte er sich nur in ihrer Abwesenheit eine Spritze oder sorgte wenigstens dafür, daß sie ihn dabei nicht sehen konnte.

Als Nirvana im Sommer 1992 zu einer Welttournee aufbrachen, stellte er den Drogenkonsum ganz ein. Sie spielten damals bei den größten Festivals, unter anderem dem im englischen Reading, das in diesem Jahr wegen Regens zu einer wahren Schlammschlacht ausartete.

Während der gesamten Tournee blieb Kurt clean. An die Stelle des Heroins, das ihn inzwischen vierhundert Dollar täglich kostete, trat die Ersatzdroge Methadon. Zuvor hatte er allerdings in einem Krankenhaus in Los Angeles einen dramatischen Entzug durchgemacht, während seine Frau dort zur gleichen Zeit in den Geburtswehen lag.

Wie hatte Grace Slick es einmal formuliert? »Es ist schwer, sein Kind im Auge zu behalten, wenn man Halluzinationen hat.« Kurt wollte bei der Geburt seiner Tochter unbedingt clean sein. Und als *Vanity Fair* seine Vorwürfe an die Eltern der kleinen Frances veröffentlichte, konnte er sich der Welt guten Gewissens als entwöhnt und gesund präsentieren. Sogar das Trara nach einer Story der *Los Angeles Weekly* über Courtneys Krankenhausaufenthalt konnte ihm nichts anhaben.

Weniger als neun Monate später spritzte er jedoch schon wieder. Als er am 2. Mai 1993 von einer Party in die gemeinsame Wohnung in Seattle am ganzen Leib zitternd zurückkehrte, floß in seinem Blut Stoff im Wert von dreißig bis vierzig Dollar. Allerdings war nicht auf Anhieb ersichtlich, daß er sich eine Überdosis gespritzt hatte.

Der Polizei sollte Courtney zu Protokoll geben, sie hätte geglaubt, er leide unter Baumwollfieber, einer Krankheit, die ausgelöst werden kann, wenn Wattefasern, die als Filter benutzt werden, ins Blut gelangen.

Laut Courtney war das nicht seine erste Überdosis, doch diesmal waren die Folgen schlimmer, viel schlimmer als je zuvor. Im Beisein seiner Mutter und Schwester Kim spritzte sie ihrem immer schwächer werdenden Mann Buprenorphin, ein verbotenes Stimulantium, dessen wiederbelebende Wirkung bei Baumwollfieber und auch Überdosen von Heroin gleichwohl in Ärztekreisen anerkannt ist. Darüber hinaus stopfte sie ihm eine Faust voll Pillen in den Mund – Tylenol, Benadrylin und Valium – in der Hoffnung, er würde sich übergeben.

Es half alles nichts. Sein Zustand verschlechterte sich nur weiter. Schließlich alarmierte sie den Notarzt, und Kurt wurde mit heulenden Sirenen ins Harborview Medical Center gebracht. Er kam noch einmal davon.

Im gleichen Monat rückte die Polizei schon wieder an, diesmal wegen Beschwerden über Ruhestörung. Courtney war zufällig auf ein geheimes Waffenlager in der Wohnung gestoßen. Gewehre mitten in der Wohnung, und das, obwohl ein Kind von neun Monaten überall herumkrabbelte und sich alles in den Mund steckte, was nicht niet- und nagelfest war!

Es kam zu einem wüsten Krach. Nach einem Bericht der Zeitschrift O brüllten die zwei einander auch dann noch an, als die Beamten die Gewehre längst beschlagnahmt und ihnen mit der Festnahme gedroht hatten. Kurt war nicht zu beruhigen und wurde mit aufs Revier genommen. Nach drei Stunden durfte er allerdings wieder gehen. Eine Anklage wurde nicht erhoben.

Doch schon stand der nächste Krach ins Haus. Zum Verblüffen aller ging es darum, wer nun schuld gewesen sein sollte.

Das Problem mit Kurts Drogenkonsum gärte den ganzen Sommer 1993 weiter. Ein Interview der Gruppe mit der *Alternative Press* platzte nach einer halben Stunde. Man hatte sich in einem Restaurant verabredet, und alle hatten bereits bestellt, da murmelte Kurt, er müsse für einen Augenblick hinaus, und ließ die anderen kurzerhand sitzen. Als er wiederkam, war sein Hühnchen längst kalt. Chris war verschwunden, und Dave plauderte über seine Leidenschaft für antike Uhren.

»Wo ist Chris?«

»Heimgegangen«, seufzte der Reporter, den man um seine Aufgabe wahrlich nicht zu beneiden brauchte.

»Warum?«

»Er hat auf dich gewartet, und da ...«

»Und da hat er geglaubt, ich würde nicht mehr kommen. ›Dieser Scheißjunkie Cobain, verpißt sich einfach, weil er Stoff braucht ...‹« Mit einer Engelsgeduld, die freilich sein verschleierter Blick mehr als widerlegte, erklärte Kurt dem Reporter, er habe seinen Chiropraktiker aufsuchen müssen. »Ich hab' mich total beschissen gefühlt, und mußte mich entspannen. Da gibt's nur eins: eine Massage. Und selbst, wenn ich woanders gewesen wäre, was geht das Chris an? Hab' ich je ein Konzert oder ein Interview ausgelassen oder die anderen aus irgendeinem Grund versetzt?«

Es war eine rhetorische Frage. Kurt erwartete im Grund keine Antwort. Das hatte jedoch nichts mit seiner angeblich reinen Weste zu tun. Ihm ging es um etwas ganz anderes: auf die Frage, ob das Rauschgift seine Leistungen auf der Bühne beeinträchtigt habe, wollte er – wenn überhaupt – nur eine Antwort in seinem Sinne provozieren.

Ob er nun Konzerte verpaßt oder vermasselt hatte, war dabei unwesentlich. Tatsache ist, daß Kurt sich mit seinem Verhalten rasant dem Punkt ohne Wiederkehr näherte. Wie schnell es mit ihm den Bach hinunter ging, wurde allerdings erst weitere neun Monate und eine neue kräftezehrende Tournee später unübersehbar. Vorläufig war er aber noch willens und in der Lage, das Ganze tapfer durchzustehen.

»Wir haben nicht das Recht, uns [über unseren Erfolg] zu beklagen«, meinte er lächelnd. »Es war unsere eigene Wahl. Und wir können es uns jederzeit anders überlegen.«

7

Laut *Sassy* hätte es bei ihnen ausgesehen wie in SID AND NANCY – eine Anspielung auf den Mitte der achtziger Jahre entstandenen Kultfilm über die letzte Ikone des Punk, Sid Vicious und seine Freundin Nancy Spungen.

Eine übermäßig taktvolle Bemerkung war das nicht. Die Geschichte der zwei notorischen Junkies endete im Februar 1979, als sich Sid im Alter von einundzwanzig Jahren eine Überdosis spritzte. Zwei Monate zuvor war er wegen Mordverdachts verhaftet und angeklagt worden. Der Grund: Man hatte Nancy im gemeinsamen New Yorker Hotelzimmer des Pärchens erstochen aufgefunden. Von da an kam Sid aus den Schlagzeilen nicht mehr raus. Er und die zwanzigjährige Nancy hatten als Romeo und Julia des Punk gegolten, und wie in der Tragödie hatte ihre Liebschaft einen verhängnisvollen Ausgang genommen.

Bei Kurt und Courtney drängte sich der Vergleich allerdings geradezu auf. Die zwei waren ebenfalls notorische Junkies, und wenn sie in Hotels gingen, trugen sie sich unter dem Pseudonym Mr. und Mrs. Simon Ritchie ein – das war Vicious' bürgerlicher Name.

Waren die Analogien damit endlich ausgeschöpft? Manchmal fiel es schwer, daran zu glauben. Bis zu seinem Tod beharrte Kurt darauf, daß ihm die zwei entscheidenden Einflüsse auf seine letzten beiden Lebensjahre – Courtney und das Heroin – Ende 1991 rein zufällig in die Quere gekommen seien. Auch ließ er sich nie davon abbringen, daß er es gewesen sei, der Courtney auf Heroin gebracht habe, und nicht umgekehrt. Er ging beim Versuch, sie zu rehabilitieren, sogar noch weiter und gestand, er habe oft die Droge für sie spritzen müssen, weil sie solche Angst vor Nadeln hatte. Ohne ihn hätte sie das Zeug seiner Meinung nach nie genommen.

Love war der Prototyp der Punkerin, war allerdings im Gegensatz zu den meisten anderen weit in der Welt herumgekommen. Geboren am 9. Juli 1965 in San Francisco, wuchs sie als das älteste Kind von insgesamt jeweils fünf Halbbrüdern und -schwestern auf. Heute, sagt sie, hätten sie alle einen Universitätsabschluß. »Sie waren von Geburt an Akademiker.«

Ihre Mutter, die Psychologin Linda Caroll, war selbst Schlagzeilen gewöhnt, weil sie seinerzeit die flüchtige Mörderin Katherine Anne Power betreut hatte. Ihr Vater, Frank Harrison, ist bekannt als der Autor der Grateful-Dead-Biographie THE DEAD: A SOCIAL HISTORY OF THE HAIGHT-ASHBURY EXPERIENCE. Er hielt sich oft im Dunstkreis der Musiker auf, und auf dem dritten Album der Gruppe, AOXOMOXOA, ist die vierjährige Courtney zusammen mit Freunden und Familienmitgliedern abgelichtet.

Als die Familie nach Eugene, Oregon, zog, versuchte Courtney ihre ersten Schritte im Showbusiness. Angeregt hatte sie dazu der Oscar für Tatum O'Neal in *Paper Moon*. »Ich durfte im Kinderfunk auftreten; da war ich mal die Eigentümerin der Pacific Northwest.« Aber dann ließen sich ihre Eltern scheiden, und Courtney mußte mit ihrer Mutter nach Neuseeland. Dort zog Linda in eine Kommune, während das Mädchen in ein Internat gesteckt wurde. Im Alter von zehn mußte sie schon wieder die Umgebung wechseln; sie wurde für zwei Jahre in eine andere Schule nach England geschickt. Danach kehrte sie nach Eugene zurück, wo sie die Therapeutin ihrer Mutter bei sich aufnahm.

Anfang der achtziger Jahre verheiratete sich ihre Mutter wieder und zog mit ihrer Familie in die Nähe von Portland. Dort handelte Courtney sich wegen Ladendiebstahls eine Jugendstrafe zur Bewährung ein. Der Helfer bekam sie nicht oft zu sehen, denn sie rannte bald von zu Hause weg. Kaum tauchte sie wieder auf, landete sie in einer Besserungsanstalt. Es sollte die erste in einer ganzen Reihe von Erziehungs- und Pflegeheimen sein.

Danach verbrachte sie einige Zeit im englischen Liverpool. Dort freundete sie sich schnell mit Vertretern der höchst explosiven lokalen Musikszene an, die bereits Talente wie Dead or Alive, Wah!, Echo and The Bunnymen sowie Teardrop Explodes hervorgebracht hatte. Im Alter von 18 Jahren nahm sie 1983 ihren ersten einträglichen Job an, als Discjockey in einer Schwulendisco. Ein Jahr später zog es sie in die Staaten zurück. In Minneapolis gründete sie zusammen mit Kat Bjelland und Jennifer Finch die Gruppe Baby Doll. Ihre zwei Partnerinnen sollten später Babes in Toyland beziehungsweise L7 ins Leben rufen.

An die Musik der Band erinnert sie sich mittlerweile nur noch mit einem Schaudern. Sie »hörte sich fast so an wie bei Lush – lauter Quietschstimmen und so. Hoffentlich kommen nie Mitschnitte auf den Markt.«

»Als Teenager bin ich von Szene zu Szene gezogen«, erzählte sie einmal im Rückblick auf ihre Jugend. Aber gelehrt hatte sie das unstete Leben nur eins: daß es in Minneapolis keine ›Szene‹ gibt. »Es ist wie in der Wüste. Wer die Stadt nur von außen erlebt, würde das nicht verstehen. Hey, das müßte doch aufregend sein, *diese* Stadt … die ganzen Stars persönlich kennen, ihre Musik hautnah erleben …, aber wenn man mal drin ist, merkt man, daß das alles einen Dreck bedeutet. Erst im Rückblick erstarrt es, und der Sinn kommt einem greifbarer vor.« Nun, allzu enttäuscht konnte Courtney nicht mehr gewesen sein, denn: »Ich bin eigentlich fast zu laut und dickköpfig für jede Szene.«

In San Francisco sang sie für kurze Zeit mit Leuten, aus denen später Faith No More hervorgehen sollte. Es folgten ein paar Auftritte mit Social Distortion. Dann heiratete sie, allerdings hielt die Ehe nicht lange. Irgendwie gelangte sie nach Alaska, wo ihr bald das Geld ausging. Sie mußte sich als Stripperin in Nachtbars durchschlagen und tingelte in den nächsten Monaten nach und nach die Westküste hinunter. »Wenn die anderen Oben-Ohne-Tänzerinnen frei hatten, verdiente ich pro Nacht zweihundert Dollar und konnte mir so meine Gitarren zusammensparen.«

Endlich hatte sie es bis nach L. A. geschafft (wo sie ihren Lebensunterhalt immer noch durch Strippen im Jumbo's Clown Room bestritt). Vorübergehend suchte sie auch ihr Glück im Filmgeschäft. So wurde der Regisseur Alex Cox auf sie aufmerksam und ließ sie in seinem Spaghetti-Western STRAIGHT TO HELL mitspielen. Bei ihm bewarb sie sich auch für die weibliche Hauptrolle in SID AND NANCY – vergeblich. Chloe Webb wurde ihr vorgezogen, und sie wurde mit einem Trostpflaster abgespeist, dem Part einer von Nancys trauernden Freundinnen. Als der Rest der Welt fünf Jahre später Cox in Bausch und Bogen verurteilte, weil er den Film konsequenter auf das Ende hin hätte anlegen sollen, erlebte Courtney zumindest diese eine Genugtuung, daß es mit dem ›großen Durchbruch‹ ohnehin nicht geklappt hätte.

»Ich hätte wohl eine hübsche kleine Schauspielerin werden können«, erinnert sie sich. »[Aber dann] habe ich mir gesagt: Wer will denn den Ruhm um seiner selbst willen. Wie verzweifelt muß man doch sein, wenn man zu Oprah oder Donahue in die Talkshows rennt und der ganzen Welt erzählt, man habe es mit seinem vierjährigen Kind getrieben!«

Im März 1990 gründete Courtney die Band Hole, deren Leaderin sie noch heute ist. Es fiel nicht weiter ins Gewicht, daß die Gruppe nicht ausschließlich aus Frauen bestand und der Gitarrist Eric Erlandson, den Courtney über eine Annonce angeworben hatte, hervorstach »wie ein Pimmel auf einer Weiberparty«, wie ein Reporter seine

Eindrücke etwas derb zusammenfaßte. Die Auftritte blieben voll auf Courtney zugeschnitten.

Als Kurt Cobain Courtney zum erstenmal sah, fühlte er sich an Nancy Spungen erinnert. Lag das nun an ihren blonden Haaren? Oder an ihrer unverblümten Art, zu sagen, was ihr gerade durch den Kopf ging, ohne die möglichen Folgen zu beachten?

Über Jennifer Finch, die auch mit Dave Grohl befreundet war, lernte Courtney Nirvana kennen. Was dann geschah, hätte der Stoff für eine High-School-Romanze sein können. Courtney vertraute Dave an, daß Kurt ihr gefiel, er erzählte ihr, daß es Kurt nicht anders ging; daraufhin ließ sie Kurt über Dave ein Geschenk zukommen, eine herzförmige rote Schachtel mit Fichtenzapfen, Muscheln, einer Puppe und einem winzigen Teeservice darin. Kurt sollte sich nie bei ihr bedanken, aber es bedeutete ihm sehr viel. Später widmete er der Schachtel nicht nur den Titel eines Songs (»Heart-Shaped Box«), sondern auch das Cover der ersten aus In Utero ausgekoppelten Single.

In den Monaten danach herrschte Funkstille. Erst im Mai 1991 fanden sie sich unabhängig voneinander bei einem Gig der Butthole Surfers im L. A. Palladium ein. Courtney erspähte Kurt, trat auf ihn zu und versetzte ihm einen Magenschwinger. Er schlug zurück – und so ging es auch weiter. Anstatt züchtig Auf Wiedersehen zu sagen, verabschiedete sich Courtney auf das herzlichste mit einem Tritt gegen das Schienbein.

»Es gibt da so etwas wie Groupie-Radar«, meint eine Insiderin, die es laut eigenem Selbstverständnis wissen muß. »Groupies wittern einen kommenden Star auf eine Meile gegen den Wind, während die bezahlten Talentsucher noch gar nichts ahnen. Das Dumme ist nur, man weiß so etwas nur im nachhinein. Was war denn schon los, als Courtney anfing, mit Kurt zu gehen? Keiner dachte sich etwas Besonderes dabei. Aber kaum hatten Nirvana den

Durchbruch geschafft, hieß es gleich wieder: ›Aha, das gute alte Radar funktioniert also doch noch.‹«

Courtney räumt selbst ein, daß sie sich eine Zeitlang in der Gesellschaft von älteren Groupies herumtrieb. Aber das war noch in den Achtzigern, und sie stellte es auch nicht besonders geschickt an. »Es hätte mich gereizt ... aber ich war nicht hübsch genug. Ich hatte weder Stil noch Titten.« Abgesehen davon stand sie in den Monaten vor der Veröffentlichung von NEVERMIND mit ihrer Einschätzung von Kurts Fähigkeiten ziemlich allein da. Das war ihr auch sehr wohl bewußt. Als sie ihre ersten Hochzeitspläne schmiedeten, verlangte sie von Kurt eine vertraglich festgelegte Gütertrennung – um sich zu vergewissern, daß er nicht mit *ihrem* Geld auf und davon lief.

Das erste Album von Hole, PRETTY ON THE INSIDE, schlug in den Independent Charts Großbritanniens ein wie eine Bombe. Mit ihrer Kompromißlosigkeit frei nach dem Motto: Liebe mich oder hasse mich, aber bitte immer leidenschaftlich! gewann Courtney bei der britischen Presse mehr Herzen, als sich die übrigen Grunge-Monster aus Seattle in ihren kühnsten Träumen hätten auszumalen gewagt.

»Vor ein paar Jahren«, sinnierte Courtney Anfang 1994, »hatte ich in einer bestimmten Stadt einen extrem schlechten Ruf. Wenn ich zu einer Party ging, erwartete gleich jeder, daß ich die Fenster einschmeißen würde. Darum bin ich schließlich lieber in die Clubs gegangen und habe mir alle Mühe gegeben, um richtig still, anmutig und zurückhaltend zu wirken ...« Sie selbst schildert sich aus der Distanz, aber Dennis Cooper vom *Spin* gelangte bei seiner Auseinandersetzung mit ihrem »höllisch aufregenden Punkimage« zu einem ganz anderen Schluß. Seiner Meinung nach kommen diese Eigenschaften der wirklichen Mrs. Love näher, als sie zugeben will. »Wenn Leute einen derart in die Enge treiben, damit man in ihrem

Sinne reagiert, dann tut man es eben manchmal sogar wirklich.«

Courtneys berüchtigtes Temperament wurde schnell auch jenseits von Seattle in der gesamten Rockindustrie legendär. So schwelte ein Kleinkrieg mit Leuten von Shadow Project noch lange nach dem Auseinanderbrechen der Band weiter. Für die Gitarristin Eva O. war die Schuldfrage eine klare Sache: »Courtney war sauer, weil sie glaubte, ich hätte ihr die Bassistin [Jill Emery] ausgespannt. Aber vielleicht hatte sie vergessen, daß Jill und ich schon lange [bei den Superheroines] zusammengespielt hatten, ehe sie für eine Weile zu Hole stieß.«

Auch Calvin Jones, der Chef von K-Records, bekam offensichtlich eines Nachts sein Fett von Courtney weg – und das obwohl sich ihr Mann das Firmenlogo auf den Arm hatte tätowieren lassen. Victoria Clarke, Autorin einer bislang noch nicht erschienenen unautorisierten Nirvanabiographie, kann ebenfalls ein Liedchen von den diversen Scharmützeln mit Courtney singen. In einem Supermarkt in Seattle steckte sie einmal angeblich einen Kinnhaken ein und mußte sich von einem Nirvanafan als ›Courtney-Hure‹ beschimpfen lassen. Courtney selbst leugnete nicht, daß hinter diesen Fabeln noch weitaus mehr steckt, aber sie wollte sich nicht näher dazu äußern. »Die Leute klatschen nun mal gern über mich«, meinte sie lächelnd. Und dann erzählte sie, daß sie einmal ihren Computer an das Netzwerk Amerika Online angeschlossen hatte, weil sie einfach wissen wollte, was so über sie gemunkelt wurde. »Da erfährt man die verrücktesten Sachen.«

In der Tat waren die verrücktesten Storys im Umlauf, vor allem von dem Moment an, in dem Kurt ins Spiel kam. Unter den Tausenden von Filmmetern, die Sonic Youth 1991 für den Film THE YEAR THAT PUNK BROKE abdrehte, kommt auch eine Szene aus dem Festival in Reading vor.

Reverend Stephen Towles bei dem Gedenkgottesdienst für Kurt Cobain in Seattle. (Foto von Curt Doughty)

Marco Collins und andere alternative DJs aus Seattle hielten ebenfalls Gedenkreden. (Foto von Curt Doughty)

Die Gedenkfeier am Sonntag wurde von drei lokalen Radiosendern gesponsert. (Foto von Curt Doughty)

Im Gedenken an den bekanntesten Bürger ihrer Stadt kamen am Samstagabend in Aberdeen, der ursprünglichen Heimatstadt von Kurt Cobain, etwa dreihundert Fans bei Kerzenlicht in einem Park direkt am Wasser zu einer Nachtwache zusammen. (AP/Wide World Photos)

In den frühen Morgenstunden versammelten sich Kids, Fans und Freunde von Kurt Cobain vor dem Seattle Center zu einer Nachtwache. Es kamen mehr als 4500 Menschen (Foto von Curt Doughty)

NIRVANA

Der Sänger mit seiner kleinen Tochter Frances Bean. (Photo Selection RETNA/ Stephen Sweet)

Die Ehefrau und seine Tochter (Associated Press)

Kurt Cobain (Photo Selection RETNA/Alice Wheeler)

Darin hockt Courtney zusammen mit Kat Bjelland und Kim Gordon (von den Pixies) hinter der Bühne, als die Kamera langsam auf sie zu fährt. Courtney blickt direkt hinein und erklärt: »Bei Kurt Cobain bleibt mir das Herz stehen. Aber er ist ein Arsch.« Danach verläßt sie abrupt den Raum.

Besonderes Gewicht bekommt dieser Zwischenfall aus heutiger Sicht insofern, als Courtney in den ersten Monaten ihrer Freundschaft mit Kurt noch mit Bill Corgan ging, dem Leader der Smashing Pumpkins. Und das waren immerhin die Shooting Stars der Chicagoer Szene. Wie Nirvana hatten sie kurz zuvor unter Butch Vig eine Studioplatte aufgenommen, doch während NEVERMIND noch in den Startblöcken festhing, war ihr GISH schon ein Renner. Mit Hurra und Gebrüll hatten sie sich auf ein Potpourri des Punk aus den neunziger und des Rock aus den siebziger Jahren gestürzt und in das Ganze noch ein paar von Corgans Erfindungen hineingewuchtet.

»[Courtney] hat meine Texte und meine Musik nachhaltig beeinflußt«, gestand Corgan der *Alternative Press*. »Wenn sie alles auf die Reihe bekäme, könnte sie sogar Leute wie Patti Smith in den Schatten stellen. Sie ist ein ungeschliffener Diamant. Und in puncto Intelligenz ist sie auf eine ganz verrückte Art fast ein Genie.« Andererseits wagte er auch die etwas düstere Prophezeiung: »Das, was ihr zusteht, wird sie wohl nie erreichen, weil sie irgendwie eine Comicgestalt ist.«

Die Wogen um den Artikel im *Vanity Fair*, der Kurt und Courtney beinahe ruiniert hätte, hatten sich noch nicht geglättet, da meldete er sich noch einmal zu Wort: »Sie ist total in der Mythologie des Rock'n'Roll gefangen. Jeder soll denken, man sei cool, würde sich Drogen reindrücken ...«

Schenkt man Corgan Glauben, so war Courtney am 12. Oktober 1991 zu ihm nach Chicago geflogen. In derselben Nacht spielte Nirvana im Cabaret Metro. Courtney hatte eigentlich nicht vor, ins Konzert zu gehen, doch Corgan »rastete auf einmal aus und warf sie hinaus«. Sie überlegte es sich also anders und ging doch noch hin oder zumindest zur Party im Anschluß an das Konzert. Corgans Version der Geschichte lautet so: »Sie versumpft, geht mit Kurt auf sein Zimmer und vögelt mit ihm. Am nächsten Morgen ruft sie bei mir an und bettelt mich an, ich solle sie doch wieder bei mir aufnehmen. So war das.«

Diese Fassung hört sich etwas prosaischer an als ein Gerücht, das wenig später Kurt hinterbracht wurde. Angeblich hatte Courtney sich bei der Party an ihn herangemacht. An der Bar sollen sie es dann vor den Augen der Anwesenden miteinander getrieben haben. Alles frei erfunden! Eine intime Beziehung war unvermeidlich, das wußten sie selbst am besten, aber zu mehr als einem Kuß, einem Ringkampf und einer spontanen Kostümierungseinlage kam es vorerst nicht. Nach dem Rauswurf aus Corgans Apartment war Courtney mit einem Koffer und einer Tüte voller Unterwäsche bei der Party eingetrudelt. Ihre Dessous hatten Kurt derart fasziniert, daß er sie unbedingt anprobieren mußte.

Bei der 1991er Herbsttournee von Nirvana durch die Staaten gehörte Courtney bald schon zum Inventar. Das änderte sich auch in Europa nicht, zumal sie mit ihrer Gruppe oft in den gleichen Städten auftrat. Weil sich ihre Reiserouten nicht genau deckten, ließ sie einmal ein Konzert ausfallen, nur um Kurt nach Amsterdam zu folgen und die Zeit mit ihm zu verbringen. Wie Chris und Dave blieb auch den Mitgliedern ihrer eigenen Gruppe nichts anderes übrig, als den Verliebten beim Turteln zuzuschauen.

Ihre Beziehung hatte fast schon etwas alarmierend Zwanghaftes an sich. Das ist ja oft der Fall, wenn zwei so überspannte Persönlichkeiten aufeinanderprallen. Sie rieben sich aneinander bis an den Rand der Selbstzerstörung, und doch schöpfte die Beziehung ihre Kraft aus dem ständigen Streit. Kehren wir noch einmal kurz zu dieser ominösen Party in Chicago zurück: Irgendwann zwischen dem Kuß und der Modenschau bewarfen sie sich mit Gläsern.

Courtney bezeichnete ihr Verhalten als »Paarungsritual dysfunktionaler Menschen«. Und Kurt gab zu, die Beziehung habe ihn auch wegen der Risiken so gereizt. Ständig habe er damit gerechnet, jemand würde sich mit gezücktem Messer auf Courtney stürzen, ganz einfach »weil sie dergleichen mit ihrer gesamten Persönlichkeit ... anscheinend geradezu anzieht.« Courtney vergalt es ihm mit einem »Blödmann!«

Kurt verfolgte freilich längst ernste Absichten, wobei ihm klar war, daß die Arbeit mit den übrigen Mitgliedern, ja dem gesamten Umfeld von Nirvana, schwer darunter gelitten hätte, wäre schon damals bekannt gewesen, daß Courtney bei ihm bleiben sollte. Den Ablauf konnte er sich nur allzugut ausmalen. Er brauchte nur an die Szenen in SPINAL TAP denken, in denen Derek Smalls Freundin das Heft in die Hand nimmt, oder aus Versatzstücken von Beatlesbiographien alptraumhafte Visionen zusammengeschustert werden, wie zum Beispiel Yoko Onos Auftritt mit Spitzhut und langem schwarzem Umhang, bei dem sie den wehrlosen John Lennon mit ihrer *Avantgarde-Magie* verzaubert. »... die Schlampe, die Nirvana ruiniert«, sagt sie mit Grabesstimme, doch obwohl sie dabei lächelt, zuckt man unwillkürlich zusammen.

Andererseits bekommt Derek Smalls nur das, was er wollte, und John Lennon nimmt sich, was er braucht. Aber zurück zu den Tatsachen! Als der König der Pilzköpfe »Don't Worry, Kyoto«, in dem John und Yoko einander zwischen vier und vierzehn Minuten – je nachdem wie man es nimmt – mit Gitarren- respektive Stimmengewalt ankreischen, als eine der »größten Rock'n'Roll-Nummern überhaupt« beschrieb, meinte er das zwar provokativ, andererseits sah er es wirklich so. Courtney wiederum, die ständig an Kurts Seite zu kleben schien und ihn mit ihrem Gezeter pausenlos in den Hintergrund schob, schien Yokos Rolle wie auf den Leib geschrieben.

Ihre Hochzeitspläne wurden der Band dann doch mitgeteilt, sogar noch bevor Courtney erfuhr, daß sie von Kurt schwanger war. Am 24. Februar wollten sie gleich nach dem Ende der Tournee durch den Fernen Osten in Waikiki heiraten. Und schlagartig bestätigten sich Kurts schlimmste Befürchtungen, was Courtneys Image betraf.

Aber standen da nicht auch noch andere Probleme an? Kurt kam vom Heroin einfach nicht los, und natürlich nahm jeder an, daß es Courtney um keinen Deut anders ging. Schenkt man Kurt Glauben, war Courtneys Drogenkonsum kaum der Rede wert, auch zu den Zeiten nicht, als sie es ein bißchen bunter trieb. Und kaum hatte sie Gewißheit über ihre Schwangerschaft, hörte sie von heute auf morgen damit auf. Von einem Spezialisten für Geburtsschäden, an den sich das beunruhigte Paar wandte, kam schließlich eine Entwarnung. Seiner Auffassung nach konnte eine Frau bis in den dritten Monat hinein ohne Schaden für das Baby Heroin drücken, sofern sie nicht übermäßig unter dem Entzug litt (und in Courtneys Fall war wirklich alles halb so schlimm).

Trotzdem: Zwischen den Erkenntnissen anerkannter Wissenschaftler und den in der öffentlichen Meinung tief verwurzelten Vorurteilen besteht ein himmelweiter Unterschied, vor allem dann, wenn Drogen und Babys ins Spiel kommen. Sogar Chris und seine Frau Shelli waren schockiert, weil die zwei das Kind immer noch unter allen Umständen haben wollten. Der Riß ließ sich bis zur Trauung nicht mehr kitten. Als es soweit war, blieben die Novoselics demonstrativ und unübersehbar fern.

Die Trauung wurde auf einer Klippe über dem Meer abgehalten. Kurt erschien in einem grünen Pyjama, Courtney in einem Spitzenkleid, das früher einmal der Schauspielerin Frances Farmer gehört hatte. Geladen waren nur ein paar handverlesene Gäste – Dave Grohl, Kurts Gitarrentechniker Nick Close, der Toningenieur Ian Beveridge, der Tourmanager Alex Mac-Leod, und schließlich Kurts Trauzeuge und langjähriger Freund Dylan Carlson mitsamt Freundin.

Die Feier war kurz und die Freude nicht ungetrübt. Chris' Fehlen tat weh, doch in seinem Innersten konnte Kurt das Verhalten des Bassisten anscheinend nachvollziehen. Er nahm sich ja bisweilen auch das Recht, sich mit seinen Überzeugungen gegen den Widerstand seiner besten Freunde durchzusetzen – warum sollten sie dann ausgerechnet bei ihm anders verfahren? Auch das gehörte zu seiner Rolle als Sprachrohr einer neuen Generation. So sah er das zumindest.

1992 nahmen die Vorbereitungen auf das Baby Kurt, Courtney – und logischerweise auch Nirvana – voll in Beschlag. Dennoch stand die Gruppe weiterhin regelmäßig im Rampenlicht.

Im März warf Tori Amos ein neues Cover für »Smells Like Teen Spirit« auf den Markt und löste damit einen regelrechten Boom für Heimarbeitsprodukte aus. Kurt kommentierte das mit einem milde irritierten: »Aufgeblasen und nichts dahinter!«

In der Undergroundszene von Seattle kursierte zu der Zeit auch eine auf Softpop hingetrimmte Kassette von Sara deBell. Als GRUNGE LITE wurde die Scheibe schließlich 1993 vom örtlichen Label C/Z veröffentlicht.

Diese unerwarteten, doch durchaus erfreulichen Huldigungen an Nirvana, oder vielmehr deren mittlerweile als genial anerkannten Songwriter, häuften sich. Freilich wurde nun die Frage nach einer gerechteren Aufteilung der Tantiemen immer mehr zum Zankapfel in der Gruppe. Vor allem im März herrschte dicke Luft.

Nachdem die Musiker seit BLEACH die Einkünfte der Einfachheit halber durch drei geteilt hatten, verlangte Kurt neuerdings einen Anteil von fünfundsiebzig Prozent, der auch eher dem entsprach, was er ins Repertoire einbrachte. Damit waren Chris und Dave auch im Prinzip einverstanden. Obwohl sein Name nicht hinter jedem Stück stand, wußte praktisch jeder, daß die meisten aus seiner Feder stammten und damit auch der ganze Druck nebst der Verantwortung auf ihm lastete.

Für Zündstoff sorgte allerdings sechs Monate nach der Veröffentlichung von NEVERMIND Kurts Forderung, ihre Vereinbarung solle ab sofort rückwirkend gelten. Das ging den anderen nun doch zu weit, bedeutete es doch, daß sie keinen Cent sehen würden, bis Kurt seinen Anteil eingestrichen hätte. Wäre die CD genauso schnell vom Markt verschwunden, wie sie in die Charts gekommen war, hätten sie tief in die Tasche greifen müssen.

Alle Versuche, Kurt zum Einlenken zu bringen, scheiterten. Eine Woche lang endete jedes Telefongespräch damit, daß eine der Parteien den Hörer wütend auf die Gabel knallte. Kurt überlegte allen Ernstes, den Krempel hinzuschmeißen. Ihm wollte einfach nicht in den Kopf, daß die anderen ›so geldgierig‹ sein konnten. Schlußendlich gaben Chris und Dave nach. Kurt hatte nun also sein Geld. Die Frage war nur: War er jetzt glücklich?

Die Antwort fiel in diesem Jahr mit einem eindeutigen Nein aus. Und als ob das nicht gereicht hätte, kam auch noch eine Pechsträhne dazu.

Als Nirvana im Juli eine im Winter zuvor abgesagte Tournee durch Irland, Skandinavien sowie Frankreich und Spanien nachholten, wurde daheim mit »Lithium« die dritte Single aus NEVERMIND ausgekoppelt. Auf dem Cover prangte ein Abdruck von Courtneys letzter Ultraschalluntersuchung. Gemäß den Prognosen der Ärzte und den trotzigen Beteuerungen des Ehepaars entwickelte sich das Baby prächtig – auch wenn Kurt sich nicht davon abbringen ließ, daß der Fötus eher einer Bohne und nicht so sehr einem werdenden Mädchen glich. Da die Mutter es genauso sah, stand auch schon der zweite Bestandteil des Namens fest: Bean.

Die zwei sollten sich zu früh gefreut haben. Wieder einmal erwies sich die Kluft zwischen den Fachleuten und der öffentlichen Meinung als unüberbrückbar. Zudem stolperten Nirvana bei ihrer Europatournee buchstäblich von Krise zu Krise.

Kurt versuchte es ohne Heroin und verhinderte die schlimmsten Entzugserscheinungen mit dem Substitut Methadon. Courtney, die inzwischen im sechsten Monat schwanger war, blieb ebenfalls clean, aber sie gab zügellos ihren Launen nach, egal in welche Richtung ihre Hormone sie gerade trieben …

Doch wer glaubt schon solchen Erzählungen, wo Kurt doch am 23. Juni wegen – na was schon? – mit Blaulicht in ein Belfaster Krankenhaus eingeliefert wurde?

Gold Mountain verbreiteten die Mär von einem blutenden Magengeschwür, weil er sich ständig nur aus Dosen ernährte. Kurt selbst meinte, er hätte nach dem letzten Konzert nur sein Methadon vergessen, woraufhin sein Magen rebelliert hätte. Wieder jemand anderes kam zu dem Schluß, daß er eine Überdosis Heroin erwischt hatte, und trommelte die britischen Revolverblätter zusammen.

Gold Mountain beauftragte umgehend zwei Leibwächter damit, Courtney und Kurt keinen Moment aus den Augen zu lassen. Dummerweise versäumte man ihnen einzuschärfen, daß das Pärchen nichts von der Aktion mitbekommen sollte. Und gewiß hätte man ihnen sagen können, sie sollten sich etwas mehr einfallen lassen, als sich einfach vor das Hotelzimmer zu setzen und zu warten, bis ihre Schutzbefohlenen sich blicken ließen.

Kurt wurde in Null Komma nichts auf seine Beschatter aufmerksam, und kaum sahen sie einmal nicht hin (»auch Aufpasser müssen hin und wieder aufs Klo«), rafften Kurt und Courtney ihre Habseligkeiten zusammen und flohen aus dem Hotel. Sie fanden in einer anderen Absteige Unterschlupf und blieben in den nächsten vierundzwanzig Stunden unerreichbar für den Rest der Welt.

Abgesehen von den grundsätzlichen Bedenken gegen Courtney (ihres Einflusses auf Kurts Verhalten wegen, das sich im Lauf der Tournee tatsächlich rasant verschlechterte), machte man sich im Umfeld der Band auch ernsthaft Sorgen um ihren Gesundheitszustand.

Auch wenn es sich nicht beweisen ließ, stand für jeden doch fest, daß ein solches Leben aus dem Koffer für eine Schwangere kaum förderlich sein konnte. Und als der Troß schließlich in Spanien ankam, schienen sich die schlimmsten Befürchtungen zu bewahrheiten.

Courtney litt plötzlich unter Krämpfen – nichts im Vergleich zu den eigentlichen Geburtswehen, aber die Betreuer malten schon den Teufel an die Wand. Zu allem Überfluß sollte gerade ein Konzert losgehen.

Ein paar schreckliche Augenblicke lang hing alles in der Schwebe. Sollte Kurt spielen und einfach hoffen, daß schon nichts passierte? Oder sollte er kurzerhand aussteigen und mit seiner Frau ins Krankenhaus fahren? Er entschied sich schließlich für ersteres, doch kaum war die Show vorbei, raste er zu Courtney.

Die ganze Aufregung erwies sich als blinder Alarm. Aber um ganz sicher zu gehen, empfahl Courtneys Arzt dem Paar, schleunigst nach L. A. zurückzukehren. Die zwei leisteten Folge – und kamen vom Regen in die Traufe.

Vor der Abreise hatte Kurt seine Theorie zur Sicherung

von Wertgegenständen in die Tat umgesetzt und seine Gitarre, mehrere Notenhefte und Kassetten in der Badewanne deponiert. »Kein Einbrecher der Welt würde auf die Idee kommen, dort nachzuschauen«, hatte er geschmunzelt.

Insofern hatte er vermutlich recht. Mit einem hatte er allerdings nicht gerechnet – dem Zustand der Wasserrohre. In ihrer Abwesenheit war literweise übelst riechender Schlamm durch den Abfluß geplatzt und hatte das gesamte Badezimmer überschwemmt. Kurz, die Hefte, Noten und die Gitarre waren unwiderruflich dahin.

Da konnte es Kurt auch nicht trösten, daß er nicht als einziger vom Pech erfolgt wurde. »Was wir alles zu hören bekommen, geht auf keine Kuhhaut mehr!« beklagte sich Grohl bei der *Alternative Press*. »Das meiste ist erstunken und erlogen!« Und hinter dem kargen Rest streckten allem Anschein nach Opportunismus und Geldgier.

Gegen Ende der sechziger Jahre hatte die britische psychedelische Undergroundszene ein neues Duo mit dem Namen Nirvana emporgespült. Es war gar nicht mal schlecht, wenn man berücksichtigt, daß die Multiinstrumentalisten Patrick Campbell-Lyons und Alex Spyropoulos das damals übliche verträumt-verwaschene Gesäusel ablieferten. Ihr Ausstoß belief sich auf fünf LPs und mehrere Singles. Sogar einen kleinen Hit landeten sie. Ihr »Rainbow Chaser« tauchte im Mai 1968 kurz in den Top Forty auf.

1972 war es vorbei mit der Herrlichkeit, auch wenn Campbell-Lyons sporadisch Wiederbelebungsversuche unternahm. 1987 gab es sogar noch einmal einen Zusammenschnitt ihrer mittleren Schaffensperiode, der allerdings kaum einen Spraydosenkünstler hinter dem Ofen hervorlockte. Die Mauern dieser Welt waren eben für andere Bands reserviert. Doch über zwei Jahre nach dem triumphalen Durchmarsch der amerikanischen Nirvana an die Spitze der Charts tauchten diese Geister der Vergangenheit erneut aus der Versenkung auf und pochten mit der altbekannten Masche so vieler englischer Bands hier in Amerika auf ihr Recht: Da ist unser Name, und ihr macht ihn kaputt!

(Merkwürdigerweise war das Duo nicht die erste Gruppe dieses Namens, die seit dem Erscheinen von NEVERMIND glaubte, die Zähne fletschen zu müssen. Eine christlich beseelte Band, die ebenfalls Nirvana hieß, drohte Ende 1992 mit einer Klage, als Fans nach einem Konzert in Los Angeles die Bühne gestürmt und kategorisch das Stück »Teen Spirit« gefordert hatten. Die Nirvana aus dem Nordwesten kauften ihnen letztendlich das Urheberrecht ab.)

Vor Gericht landete die Sache nie. Laut Dave Grohl ist es weniger beschwerlich, solche Leute einfach auszuzahlen, als sich mit ihnen um Beweise zu streiten. »Wenn das alles vorbei ist«, knurrte er, »werde ich noch zum Rechtsanwalt.«

Das alles war jedoch nur ein Sturm im Wasserglas im Vergleich zu dem, was sich nun völlig unerwartet kurz vor Beans Geburt über dem Ehepaar Cobain zusammenbraute.

Man kann sich nur fragen, warum Courtney die eigentlichen Absichten der Reporterin von *Vanity Fair* nicht durchschaute. Sie war zugegebenermaßen Musikerin, noch dazu eine mit etwas umstrittener Vergangenheit. Auch war es ein offenes Geheimnis, daß Geffen sie für eine Million Dollar an die Firma binden wollte. Das alles war bestimmt ein gefundenes Fressen für die Presse.

Andererseits ist *Vanity Fair* nun wirklich für tiefschürfende Analysen des Musikgeschäfts bekannt. Und mit Samthandschuhen hatte Lynn Hirschberg ihre Interviewpartner noch nie angefaßt. Courtney konnte also im günstigsten Fall damit rechnen, daß der Artikel ihren Ruf als

Feindin des Establishments ein bißchen beschönigen würde. Und im schlimmsten Fall? Nun, mit an Sicherheit grenzender Wahrscheinlichkeit hätten sich weder Courtney noch Geffen, weder Gold Mountain noch sonst jemand aus der Umgebung des Pärchens die Katastrophe vorstellen können, die sich nun anbahnte. Oder hätten sie es vielleicht sollen?

Ab wann entartete eigentlich Hirschbergs Porträt von Courtney Cobain zur Kampfschrift einer moralisch entrüsteten Autorin? Vielleicht schon lange vor dem Interview, als Courtney noch kaum mehr war als der Popanz bestimmter Leute mit ausufernder Phantasie?

Oder etwas später, als Hirschberg bei ihren Recherchen auf eine Schar von (allesamt anonymen) Insidern stieß, die »in aufrichtiger Sorge um das (ungeborene) Kind« lebten?

Oder als sie merkte, daß Courtney trotz fortgeschrittener Schwangerschaft immer noch Zigaretten rauchte? Oder als Courtney die Bemerkung fallen ließ, die sich im Report wie ein Geständnis las, sie habe »in den ersten beiden Monaten« Heroin konsumiert, obwohl sie wußte, daß sie schwanger war.

Hirschbergs Artikel stieß wegen seiner irreführenden Interpretationen und Falschmeldungen auf vehemente Kritik. Eine ganze Reihe von Autoren ergriffen für Courtney Partei und wiesen der Autorin in mühevoller Kleinarbeit haarsträubende Fehler vor allem bezüglich Namen, Daten und Orten nach.

Andere verwiesen auf ihre eigene Erfahrung mit Courtneys Neigung zum Sarkasmus. Sie konnten sich nicht vorstellen, daß Courtney die völlig aus dem Zusammenhang gerissene Formulierung so gemeint hatte, wie ihr von Hirschberg unterstellt wurde: »Wenn man je Drogen nehmen sollte, dann am besten, wenn man schwanger ist, denn da geht's einem wirklich beschissen.«

Aber der Schaden war nicht mehr gutzumachen.

Die Septemberausgabe von *Vanity Fair* mit Hirschbergs Artikel kam zwei Wochen vor Courtneys Niederkunft in die Kioske. Courtney ließ sich sofort ins Krankenhaus einliefern, ganz einfach um dem Medienrummel um sie herum zu entgehen. Kurt folgte ihr umgehend. Dabei schöpfte er Kräfte aus inneren Reserven, die er sich selbst anscheinend nie zugetraut hätte, und hörte von einem Tag auf den anderen mit dem Heroin auf, als wolle er in Anlehnung an Courtneys Spruch sagen: »Und wenn man Drogen je absetzen sollte, dann am besten, wenn die ganze Welt um einen herum gerade in die Brüche gegangen ist.«

Mittlerweile drehten die Piranhas in der Welt draußen durch. Ihr Opfer lag wehrlos auf dem Boden, sie rochen schon das Blut, doch die verdammten Krankenhaustüren gaben nicht nach. Die öffentliche Meinung freilich ließ sich nicht mehr erweichen. Wo auch der Name von Kurt, Courtney oder dem ungeborenen Baby fiel, wurde einem unweigerlich ein Berg von gräßlichen Fotos verkrüppelter Heroinkinder unter die Nase gehalten und die Forderung ausgestoßen, das Kind müsse gleich nach der Geburt aus den Klauen solcher Rabeneltern gerissen werden. Sogar Menschen, die bis dahin noch nie etwas von Kurt und Courtney gehört hatten, wollten auf einmal ihre Köpfe rollen sehen.

Den Gefallen wollte ihnen ganz offensichtlich das Vormundschaftsgericht der Stadt Los Angeles tun. Auf der Grundlage von Hirschbergs Enthüllungen und einem Urintest, dem sich Courtney zu Anfang ihrer Schwangerschaft unterzogen hatte, kam es zu einem Verfahren gegen das Paar. Obwohl die Beweislast mehr als dürftig war, zeigte sich das Gericht beeindruckt. Kurt wurde zu einer dreißigtätigen Entziehung verurteilt.

Frances Bean Cobain kam am 18. August 1992 um 7.48 Uhr auf die Welt. Es geht das Gerücht, daß Courtney noch einmal aus dem Bett kletterte, nachdem die Wehen bereits eingesetzt hatten, durch das ganze Krankenhaus zu Kurt ins Zimmer rannte und ihn anschrie, er solle gefälligst aufstehen. »Heute läßt du mich nicht allein, hast du verstanden, du Arschloch?« Kurt soll ihr benommen in den Kreißsaal gefolgt sein. Während der Geburt hat er sich angeblich übergeben, um dann ohnmächtig umzukippen.

Das Mädchen wurde nach Frances McKee von den Vaselines benannt. Wäre es ein Junge geworden, hätten sie ihm den Namen eines anderes Mitglieds der Band, nämlich Eugene Kelly, gegeben. Mit der Schauspielerin Frances Farmer wurde sie erst nach der Veröffentlichung von Nirvanas drittem Album in Zusammenhang gebracht. Deren Geschichte hätte allerdings weitaus besser in den Zusammenhang gepaßt.

Anfang September wurden Kurt und Courtney wieder vor das Vormundschaftsgericht zitiert, doch weil es sich immer noch zu keiner endgültigen Entscheidung durchringen konnte, kam die kleine Frances bis auf weiteres in die Obhut von Courtneys Schwester Jamie. Für die Dauer eines Monats durften die Eltern ihr eigenes Kind nur im Beisein einer dritten Person sehen.

Es war entsetzlich für das Paar, aber da mußten sie durch, und zwar allein. Hilfe von außen konnten sie nicht erwarten.

Auch von ihrer Plattenfirma nicht. »Bei Geffen Records haben wir unter anderem deshalb angeheuert, weil David Geffen uns mit seiner Einstellung überzeugt hat«, merkte Kurt nach dem letzten Prozeß an. »Er hat einen sehr linken, sehr fürsorglichen und ehrlichen Touch. Er hat uns zwar von Anfang an gesagt, daß er in seinem Alter [er wurde 1993 neunundvierzig] von alternativer Musik keine Ahnung hat, aber er wirkt total alternativ. Der Haken an der Sache ist: Er hat nicht den Mumm, seine Künstler so zu schützen wie zum Beispiel bestimmte Labels an der Ostküste, die auch Kontakte zur Unterwelt haben.«

Als nach der Veröffentlichung des *Vanity Fair* der Sturm über das Paar hereinbrach, fragte Kurt beim Chef seines Labels an, ob er nicht vielleicht den schlimmsten Lügnern eins auf den Deckel geben könne. »Aber damit kam ich bei David nicht durch. Wir standen allein im Regen.« Gleichzeitig mußten sie mit ansehen, wie Kurts Band immer tiefer in den Strudel geriet ... Und Kurt selbst stürzte ins Bodenlose.

Die Cobains ahnten wohl irgendwo, daß das Gesetz Eltern ihre Kinder nicht so ohne weiteres wegnimmt. So blind die Justiz auch ist, sie überlegt es sich doppelt und dreifach, ehe sie die natürlichen Bande zertrennt. Doch Trost oder Hoffnung konnte diese vage Aussicht dem Paar nicht mehr spenden. Bei den unteren Klassen heißt es ja oft, es gebe zweierlei Gesetze, eins für die Armen und eins für die Reichen – die einen hängt man, die anderen läßt man laufen. Das mag bisweilen stimmen, aber hätte man Kurt im September 1992 zu dem Thema befragt, er hätte keinen Zweifel daran gelassen, wo er sich gesehen hätte.

Sie wurden so mies behandelt, *weil* sie reich oder zumindest berühmt waren. Plötzlich war es wieder wie in England Ende der sechziger Jahre. Die Kräfte von Law und Order und einem nicht näher definierten Gemeinwohl tobten sich in gerechtem Zorn an den Beatles, den Stones und allen anderen langhaarigen Popstars aus, die es wagten, das Althergebrachte in Frage zu stellen und – schlimmer noch – Verbesserungsvorschläge zu machen.

So lächerlich es war, die Behörden schikanierten sogar Bürger, wenn sie in T-Shirts der Band auf die Straße gingen. Einer von Geffens Angestellten wurde von der Polizei aufgefordert, sein T-Shirt auf der Stelle zu wenden, weil es ein öffentliches Ärgernis darstelle! Dabei stand nichts Schlimmeres drauf als: »Crack smokin' kitty pettin' flower sniffin' corporate rock whores« (Anmerkung: gemeint sind konformistische Rockfans, die einfach jeden Trend mitmachen).

Aber war man wirklich im betulichen England? Nein, der Vergleich mit Frances Farmer trifft da schon eher! Nur handelte es sich nicht um das Seattle der dreißiger Jahre, sondern um Los Angeles, und es ging auf das Jahr 2000 zu! Womit einmal mehr bewiesen wäre, daß die Gesellschaft sich nie grundlegend ändert – sie modernisiert nur hin und wieder ihre Waffen.

»Ich war früher ein unheimlich negativer Mensch«, urteilte Cobain einmal über sich. »Meine Einstellung ist eigentlich erst in den letzten zwei Jahren etwas optimistischer geworden. Das liegt daran, daß ich jetzt ein Kind habe und jemanden liebe. Das ist ein Segen für mich. Einen anderen habe ich nie erlebt. Aber jetzt habe ich das Leben, das ich immer wollte. Ich wollte eine Partnerin, ich wollte Sicherheit, ich wollte eine Familie.« Und ausgerechnet jetzt mußte er in diese Klemme geraten! »Ich weiß nicht, ob meine Musik mich für den ganzen Scheiß entschädigen kann, der da über uns geschrieben wird, vor allem für den Scheiß über einen Menschen, den ich von ganzem Herzen liebe.«

Zu allem Überfluß stand ausgerechnet in dieser Zeit das Festival von Reading an – mit Nirvana als Zugnummer. Kurt hatte das Programm des Tages, an dem sie auftreten sollten, persönlich zusammengestellt. Die Liste las sich wie eine Huldigung an die Crème de la Crème.

Aus dem Nordwesten kamen die Screaming Trees, Mudhoney und die Melvins. L7 reisten an und stürmten mit ihrer neuesten Single »Pretend That We're Dead« zum Einstand gleich die britischen Charts. Eugene Kellys neue Band Eugenius stand ebenso auf den Plakaten wie Pavement, Nick Cave und Bjorn Again.

Das Publikum feierte sie alle frenetisch, obwohl es den ganzen Nachmittag goß wie aus Kübeln und jeder gespannt auf Nirvana wartete. Die Frage war nur: Würden sie auftreten?

Die ganze Woche waren Berichte durch die britische Presse gegeistert, die Band sei wegen Kurts schlechtem Gesundheitszustand auseinandergebrochen. Selbst als die Roadies die Bühne für die Stars räumten, tauschte man noch die abenteuerlichsten Klatschgeschichten aus. Schließlich stand fest, daß Nirvana spielen würden. Herrschte jetzt endlich Ruhe? Mitnichten! Auf einmal hieß es, dies sei Nirvanas Abschiedsvorstellung. »... und erwarte dir nur nicht zuviel von Kurt; mein Freund hat ihn im Rollstuhl sitzen sehen ...«

Dann gingen die Spots an – und er kam.

Aber Kurt war wie in Trance. Er spielte wie noch nie zuvor, als glaubte er, dies sei das letzte Mal. Er führte sich auf wie ein Besessener, peitschte die Band bis zur Erschöpfung durch das Konzert und widerlegte damit all die Berichte über Nirvanas angebliche Auflösung.

Nur wer Kurt aus der Nähe kannte, begriff, wie es in ihm aussah: Hätte er nicht das Letzte gegeben, ihm wäre das Herz zerbrochen. Später sickerte durch, daß Kurt und Courtney vierundzwanzig Stunden vor dem Abflug nach England an Selbstmord gedacht hatten.

Einzig und allein die Hoffnung, Frances vielleicht doch noch zurückzugewinnen, hatte sie davon abgehalten. Sie kamen zu dem Schluß, daß sie weiterkämpfen mußten, sollte nicht alles umsonst gewesen sein. Wenn sie jetzt aufgegeben hätten, hätten sie doch nur ihre Gegner bestätigt.

8

Am 8. September 1992 trafen sich Kurt und Courtney mit Chris und Dave zur Verleihung des MTV Music Video Awards. Nirvana waren die Top-Favoriten für die Auszeichnung ›Best New Artist‹ und ›Best Alternative Video‹ (mit dem Video zu »Teen Spirit« unter der Regie von Sam Bayer) und sollten die Show eröffnen. Sie waren der Meinung, sie könnten spielen, was sie wollten – es müßte keiner ihrer Hits sein.

Für die Band war das sehr wichtig. Seit einem Jahr waren sie nun in der Lage, ihre Bedingungen zu stellen. Aber sie hatten auch gesehen, daß die sogenannten alternativen Musiker um sie herum so hoffnungslos korrupt geworden waren, daß man sich kaum vorstellen konnte, in deren Köpfen wäre außer hohlen Worten noch etwas übrig geblieben – vielleicht war das auch nicht der Fall.

Natürlich muß man klar sehen, daß eine Band glaubwürdig sagen kann, sie möchte die Welt verändern, wenn sie sich kaum neue Gitarrensaiten leisten kann; eine ganz andere Geschichte ist es, wenn sie plötzlich mitten im Strom schwimmt. Dann ersetzt ein neuer Boß den alten, und der ganze Mist geht von vorne los.

Vor der Preisverleihung probte Nirvana zwei neue Songs. Den einen nannte Kurt ›New Poopy‹, den anderen ›Rape me‹. Offensichtlich wollten sie die beiden Lieder in der Show spielen. Die Mitarbeiter von MTV waren entsetzt. Sie bestanden auf »Teen Spirit«.

Die drei Bandmitglieder weigerten sich. Wenn sie nicht spielen konnten, was sie wollten, würden sie überhaupt nicht auftreten. Sie meinten es ernst – und in vier Stunden sollte die Sendung beginnen.

Hinter der Bühne verschanzten sich die Leute von MTV in einer Ecke, Nirvanas Mannschaft in der anderen. Beiden Parteien waren die Auswirkungen dieser vertrackten Situation klar.

Die Leute von MTV wußten, daß sie eine Sendung ausstrahlen würden, die bereits nach einem Jahrzehnt die gleiche Resonanz wie die Verleihung des Grammy Award hatte. Und diese Sendung sollte ohne den Tophit ablaufen? Noch schlimmer wäre es allerdings, wenn der Preisträger nicht erscheinen würde. Andererseits würden sie Millionen von Zuschauern enttäuschen, die nur eingeschaltet hatten, um die Songs zu hören, die sie kannten. Was sollte das Publikum mit einem Song anfangen, dessen Titel »Rape me« lautete? Als der Beginn der Sendung immer näherrückte, entschlossen sie sich zu einem Kompromiß.

Nirvana fiel die Entscheidung auch nicht leicht. In der Vergangenheit waren sie immer wieder über die sogenannten Alternativbands hergezogen, die letztendlich alles taten, nur um groß rauszukommen. Sie konnten jetzt einfach nicht auf die Bühne gehen und ihren großen Hit spielen.

Natürlich wußten sie, daß sich ihre Entscheidung nicht nur auf diese Show auswirken würde. Sie mußten auch an Leute wie Amy Finnerty, die Programmgestalterin, denken, die »Teen Spirit« in die Play List gebracht hatte und die Band heute noch förderte. Konnten sie sich erlauben, sie zu enttäuschen?

Und da waren noch die anderen Bands bei Gold Mountain und Geffen. Jeder wußte, daß MTV eine Schallplattengesellschaft komplett aus ihrem Programm nehmen konnte, wenn sie wollte. Auch Nirvana beugten sich dem Unvermeidlichen – sie hofften ebenfalls auf einen Kompromiß.

Schließlich tat MTV den ersten Schritt. Sie wollten

»Teen Spirit« oder »Lithium«. Nirvana nahmen das Friedensangebot an und entschieden sich für »Lithium«. Das Publikum klatschte begeistert, als Nirvana angekündigt wurde. Dann begann Kurt einige Akkorde von »Rape me« zu spielen und sang die erste Zeile: Rape me, rape me, my friend … Übergangslos setzte er dann das Programm wie geplant fort, und manchen war es sicher gar nicht aufgefallen, daß der Anfang anders ausgefallen war. Die Bosse von MTV, die bereits Anweisungen geben wollten, die Kameras auszuschalten, atmeten auf.

Dann kündigte ein Michael-Jackson-Imitator das ›Best Alternative Video‹ von Nirvana an. Kurt und Chris nahmen den Preis ›Best New Artist‹ entgegen. Kurt wirkte nervös und schüchtern, als er sich bedankte. Er erbrach sich nicht, stolperte nicht und fiel nicht von der Bühne, und wirkte somit dem Image entgegen, das sein Publikum nach all den skandalträchtigen Berichten in den Zeitschriften von ihm erwartet hatte. Anstatt verbotene Songs zu singen, lächelte er in die Kamera. »Es ist schwer, alles zu glauben, was man in den Zeitungen liest.«

Zwei Tage später waren Nirvana wieder in Seattle und traten in der Arena in einer Show auf. Auf Chris' Wunsch spendeten sie 25 000 Dollar für die Washington Music Industry Coalition, eine Vereinigung, die sich gegen die Zensur von Musiktexten einsetzte. In einem achtzehn Monate dauernden Kampf wehrten sie sich gegen den sogenannten ›Erotic Music Bill‹, einen Gesetzentwurf, nach dem jede Platte aufgrund der Beschwerde eines Einzelnen verbannt werden konnte. (Ironischerweise wurde der Entwurf eine Woche nach Kurts Selbstmord abgelehnt.)

Nirvana setzten sich außerdem für den Kampf gegen die Bewegung ›Proposition Nine‹ in Oregon ein, die gegen Homosexuelle vorging. Dies und das letzte Video, in dem die Band eine witzige Nachahmung der Ed Sullivan Show präsentierte (»In Bloom«), sowie Kurts Verhalten bei der

Preisverleihung erweckten den Anschein, als würde sich die Band von ihrem bisherigen Image lösen wollen und damit auch ihren Erfolg riskieren.

Sub Pop sammelte angeblich unveröffentlichte Aufnahmen von Nirvana, die zu Weihnachten 1992 herauskommen sollten. Damit wollten sie die Schwarzpressungen bekämpfen, die in den letzten zwölf Monaten auf dem Markt erschienen waren. Sony hatte mit THE BOOTLEG SERIES, die drei CDs umfaßte, bereits bewiesen, daß sich so etwas gut verkaufte. Danach wollte man über die nachfolgende CD von NEVERMIND sprechen, die vom Publikum bereits sehnsüchtig erwartet wurde.

Frances war wieder bei ihren Eltern, und die gehässigen Kommentare waren aus den Schlagzeilen verschwunden. Dann fing plötzlich alles wieder an …

So symbiotisch wie die Beziehung zwischen Rockstars und der Leinwand ist, war auch die zwiespältige Liebesaffäre, die selbst Nirvana in Thurston Moores ›1991‹ nicht so darstellen konnten, wie sie wollten. Die Beziehung zwischen Musikern und den Leuten, die sie vermarkten, ist noch schwieriger.

Bücher über Rockstars gibt es schon seit langem. Die erste Biographie, die über Nacht geschrieben wurde, erschien Mitte der fünfziger Jahre, als Elvis noch der King war, und man den Namen Presley mit Goldminen gleichsetzte. Seit dieser Zeit ist der Markt für Biographien stark gewachsen und manchmal sogar den dargestellten Personen vorausgeeilt. Viele Journalisten haben versucht, sich mit Berichten über Fakten und Skandale gegenseitig dabei zu übertreffen, das dickste Buch über einen Star zu schreiben oder die Titelseite einer Boulevardzeitung zu erobern. Je berühmter der Star, um so mehr wetteiferten sie miteinander.

Als Kurt und Courtney hörten, daß Victoria Clarke und Britt Collins eine alles enthüllende Biographie über Nirvana herausgeben wollten, gerieten sie in Panik. Sollte plötzlich *Vanity Fair* und alles, was sie in den letzten zwölf Monaten durchgemacht hatten, nicht mehr zählen? Fing jetzt alles noch einmal von vorne an?

Bis heute ist nicht klar, wer den ersten Schritt tat, obwohl die Band glaubte, daß die beiden Autorinnen den Stein ins Rollen brachten. John Silva, Nirvanas Manager, setzte sich am 27. Januar 1992 mit allen Leuten in Verbindung, die eventuell etwas über die Band berichten konnten, und bat sie, keine Informationen an die Presse zu geben.

Er gab ein Rundschreiben heraus, in dem er erklärte, daß Nirvana keine Zusammenarbeit mit den beiden Frauen wünschten. Der Brief endete mit dem Satz: »Kurt, Chris und Dave bitten Sie um ihre Hilfe.«

In den nächsten Wochen wurde der Konflikt immer stärker. Im Oktober war Kurt kurz vor einem Zusammenbruch. Courtney hatte versucht, sich mit den Autorinnen gütlich zu einigen und eine Nachricht auf dem Anrufbeantworter hinterlassen. Am nächsten Abend rief auch Kurt bei ihnen an.

Die Presse war begeistert, als sie die Aufzeichnungen seiner Anrufe erhielt. Mehrere Wochen erschienen Berichte über seine rüden Worte, die er in insgesamt neun Anrufen auf Clarkes Tonband gesprochen hatte. »Wenn Sie in diesem Buch irgend etwas veröffentlichen, womit Sie meiner Frau schaden, bringe ich Sie um«, drohte er einmal.

Er und Courtney kämpften immer noch um das Sorgerecht für ihre Tochter und lebten in der ständigen Angst, daß in der Presse etwas erscheinen könnte, das diesen Alptraum noch verstärken würde. Kurt kümmerte sich nicht darum, daß es im Sinne des Gesetzes falsch war, was er tat. Er kämpfte für seine Familie – und um sein Leben.

»Es ist mir scheißegal, ob Sie meine Drohungen aufgezeichnet haben. Mit ein paar hunderttausend Dollar könnte ich Sie wahrscheinlich zum Schweigen bringen, aber ich werde es zuerst auf legalem Weg versuchen.«

Neun Monate später hatten Nirvana der Veröffentlichung einer offiziellen Biographie zugestimmt. Was Clarke und Collins betraf, blieb Kurt unerbittlich. Michael Azerrad, ein Journalist des *Rolling Stone*, schrieb mit COME AS YOU ARE eine beachtliche Story, die mit der bevorstehenden Herausgabe von IN UTERO endete. Er sprach alle Themen an, die Nirvanas Kritiker bisher beschäftigt hatten, und lieferte etlichen Zeitschriften Schlagzeilen und Material für Fortsetzungsgeschichten. Im Oktober 1993 brachte *Vox* in England eine große Titelgeschichte darüber heraus.

Über einem Foto von Kurt prangte die Schlagzeile: ›Kurt auf Entzug: Ich zog gerade soviel Stoff in die Spritze, wie hineinpaßte.‹ Ironischerweise lautete der Untertitel: ›Selbstmord ist nicht schmerzlos.‹

Azerrads Buch hatte großen Erfolg – auch wenn es, wie ein Kritiker beschrieb, vielleicht nur dazu diente, den Schaden so gering wie möglich zu halten. Über zwei Jahre, nachdem sich John Silva gegen die nicht genehmigte Veröffentlichung von Clarke und Collins Buch wehrte, ist diese Biographie immer noch nicht auf dem Markt.

Der Oktober 1992 ging nach dem Streit mit der Presse ebenso stürmisch weiter. Am Tag vor Halloween traten Nirvana zum ersten Mal nach dem Konzert in der Arena sechs Wochen zuvor wieder auf. Sie waren die Hauptband im Velez Sarsfield Stadium in Buenos Aires, Argentinien.

Der Auftritt war ein Fiasko. 50 000 Argentinier buhten die Vorband, Portlands Calamity Jane, aus und warfen Sachen auf die Bühne. Die Frauenband war so demoralisiert, daß sie sich anschließend auflöste. Kurt war so wütend, daß er auf der Bühne Krach machte und die Songs nur halbherzig ansang.

Mit William Burroughs lieferte er schließlich ein zwölfminütiges, ohrenbetäubendes Gitarrensolo zu dem Song »The Priest They Call Him« und ging dann zornig über zu »Endless Nameless«. Seiner Meinung nach hatte das Publikum nichts Besseres als diese unzusammenhängenden Klänge verdient.

Leider kann man diesen Begriff auch für die Sammlung Nirvanas bisher unveröffentlicher Songs anwenden, die rechtzeitig zu Weihnachten 1992 erschien. Obwohl Nirvana seit der ersten Session mit Butch Vig vor zweieinhalb Jahren mit der Idee spielten, eine solche Compilation herauszugeben, wurde das Projekt erst nach der Veröffentlichung von NEVERMIND realisiert. Inzwischen war auch klar geworden, daß Nirvanas Zeitplan einen Studioaufenthalt im Jahr 1992 kaum erlauben würde.

Ursprünglich kam die Idee von Sub Pop. »Cash Cow«, ein Titel, unter dem bereits in den frühen achtziger Jahren bei Virgin ein lang ersehntes Album mit Aufnahmen verschiedener Künstler erschienen war, sollte Archivmaterial, Radioaufnahmen, seltene Singles und die Originalaufnahmen zu NEVERMIND enthalten. Sub Pop hatte allerdings nicht die Möglichkeiten, den Markt umfassend zu beliefern. Als Geffen anbot, dieses Projekt mit einer ähnlichen Sammlung aus eigenen Quellen zu erweitern, stimmte die Firma zu. Diese Vereinigung der beiden Plattenfirmen bot auch Möglichkeiten für zukünftige Unternehmungen.

Leider war die Mischung nicht sehr geglückt. Brash Metal wechselte sich mit reinem Pop ab. Darauf folgten Punk Sound und undefinierbare Klänge, die den Aufnahmen zu NEVERMIND vorausgegangen waren.

Nur *Record Collector* in England lobte das Album – aber was kann man von einem Magazin mit einem so simplen Namen schon erwarten? INCESTICIDE hatte erst Erfolg, als

Geffen im Februar 1993 ein Video mit der Single »Sliver« von 1991 herausbrachte.

In anderen Gebieten zeigte sich allerdings der Einfluß des Albums.

Die Raincoats, eine Frauenband, wurde im Oktober 1977 gegründet und hatte in England Ende der siebziger Jahre nach Beginn der Punkwelle großen Erfolg. Zusammen mit der Pop Group, die beim gleichen Label unter Vertrag waren, und den Slits, denen sie sich sehr nahe fühlten, gaben die Mitglieder der Band nach der explosionsartigen Punkwelle dem New Wave eine neue Bedeutung.

Kurt hörte die Raincoats erstmals zu Beginn der achtziger Jahre, doch inzwischen war das erste Album der Band nicht mehr zu kriegen. Die Musik der Raincoats beschäftigte ihn sehr. »Wenn ich diese Songs höre, denke ich an eine bestimmte Zeit in meinem Leben, in der ich ... sehr unglücklich, einsam und gelangweilt war. Nur der zerkratzten Schallplatte von den Raincoats habe ich es zu verdanken, daß es für mich einige friedliche Momente in dieser Zeit gab.«

In der Pressemitteilung zu INCESTICIDE, die in Form eines offenen Briefs herausgegeben wurde, sagte Kurt: »Plötzlich fand ich mich im versmogten London auf der Suche nach dieser alten LP wieder.«

Kurt suchte sogar das Plattengeschäft von Rough Trade Records auf und sprach mit der Frau hinter dem Ladentisch. Sie erzählte ihm, sie sei eine Nachbarin von Anna da Silva, und zeichnete ihm auf, wo sich der Antiquitätenladen befand, in welchem Anna jetzt arbeitete. Kurt machte sich auf den Weg dorthin und stellte sich ihr ›mit knallroten Wangen‹ vor. Als er erklärte, daß er auf der Suche nach Raincoats erster LP sei, lachte Anna. »Ich werde sehen, ob ich noch ein Exemplar für dich auftreiben kann«, versprach sie. »Als ich den Laden verließ, fühlte ich mich wie ein Dummkopf. Wahrscheinlich hatte sie sich belästigt gefühlt und hielt meine Band für altmodisch«, meinte Kurt nachher.

Gina Birch, die gemeinsam mit Anna die Band gegründet hatte, erzählte später: »Anna grub ein Exemplar aus, und wir signierten es und schrieben einige Sprüche darauf.« Kurt war begeistert. »Dieses Geschenk war schöner für mich, als jeden Abend vor Tausenden von Leuten zu spielen.«

Kurt hatte damit einen Einblick in sein Leben vermittelt, in dem er nicht den berühmten Rockstar verkörperte, sondern selbst als aufgeregter Fan einer Trophäe hinterherjagte. In der Pressemitteilung erwähnte er darüber hinaus auch noch seine Lieblingsbands The Vaselines, Shonen Knife, The Melvins und The Stinky Puffs.

Irgend etwas an seiner Lebensgeschichte schien die Menschen zu berühren. Bereits fünfzehn Monate zuvor hatte er mit »Teen Spirit« seinen Sinn für schonungslose Offenheit und schwarzen Humor bewiesen. Rough Trade hatte in Großbritannien schon seit längerem geplant, einc Zusammenstellung der besten Songs von Raincoat herauszubringen. Birch meinte: »Ich glaube, INCESTICIDE hat den Stein endlich ins Rollen gebracht.«

Auch die Tatsache, daß Hole 1993 bei einer Session mit John Peel »The Void« neu aufgenommen hatte, trug dazu bei. Laut Birch wurde Kurt dabei ›erwischt‹, wie er diesen Song bei einer Probe spielte.

Ein Jahr später, kurz vor Weihnachten 1993, gaben Rough Trade in Großbritannien und Geffen in Amerika den ersten Teil einer Wiederauflage alter Songs der Raincoats heraus. Sie legten alle drei LPs neu auf, die vor der Trennung der Band 1984 veröffentlicht worden waren. Auch ein kurzes Schreiben von Kurt wurde beigelegt.

»Die Raincoats waren in Amerika nicht sehr bekannt – angeblich sind sie bei ihren zwei Besuchen nicht über die Ostküste hinausgekommen. Leider weiß ich nicht, wie es in Großbritannien und dem restlichen Europa um die Band stand ...«

Kurt empfand großes Vergnügen dabei, seine Begeisterung für andere Bands weiterzugeben. Ihm machte es enormen Spaß, einigen Menschen den Sound, den er liebte, nahezubringen. »Dafür lohnt sich auch der ganze andere Mist.« Ihm ist es auch zu verdanken, daß das Interesse an Bands mit The Vaselines, dem schottischen Duo, wieder erwachte, das sein erstes Album mit der Auflösung der Band feierte.

Seit dieser Zeit waren sie nur noch einmal aufgetreten – auf die Bitte von Kurt Cobain als Vorband von Nirvana in Edinburgh. Eugene Kelly hatte mittlerweile seine eigene Band, Captain America, gegründet, die Ende 1992 in Eugenius umbenannt wurde. Kurt trug viel dazu bei, daß die Band nicht in Vergessenheit geriet. Die Presse-Info für Eugenius' Album MARY, QUEEN OF SCOTS enthielt die Mitteilung: »Wenn Sie weitere Informationen außer den üblichen Werbesprüchen wünschen, rufen Sie folgende Nummer an ...«

Nach der Fertigstellung von INCESTICIDE Ende des Jahres 1992 war die Band ausgebrannt, doch das nächste Jahr ging gut los. Mitte Januar gaben Nirvana zwei Konzerte in Brasilien (Sao Paulo und Rio) und zeigten sich äußerst spielfreudig. Die Band erweiterte ihr Programm mit Jacques Brels schicksalhaftem Song »Seasons in the Sun« und einer speziellen Version von Duran Durans »Rio«, bei der Dave mit großem Vergnügen übertrieben schlecht ins Mikrophon brüllte und Kurt ihn auf dem Schlagzeug und Chris ihn mit der Gitarre begleiteten.

Etwas später erschien Flea von den Red Hot Chili Peppers und spielte zu »Teen Spirit« ein Trompetensolo. Flea war schon seit einigen Jahren ein enger Freund von Kurt und Courtney, und seine fünfjährige Tochter kümmerte sich liebevoll um die kleine Frances Bean.

Nach den Auftritten in Brasilien kehrten Nirvana in die Staaten zurück und verbrachten einen Monat mit ihren Familien – dann ging es wieder ins Studio, um endlich an dem Nachfolger zu NEVERMIND zu arbeiten.

Die meisten Songs waren bereits geschrieben – Kurt hatte einige Inspirationen bekommen, nachdem er und Courtney von Spanien zurückgekehrt waren. Außerdem gab es einige Aufnahmen von den Sessions zu NEVERMIND, die nur noch überarbeitet werden mußten. Viele dieser Songs hatten sich bereits auf der Bühne bewährt. »Rape me« war durch das MTV-Video mittlerweile bereits sehr beliebt.

Die Wahl des Produzenten für das neue Album erregte großes Aufsehen. Steve Albini hatte anscheinend bereits ein halbes Jahr, bevor er von Nirvana engagiert wurde, in der englischen Presse von seinem neuen Job gelesen. Als die Diskussion darüber die einschlägigen Medien immer mehr beschäftigte, wandte er sich selbst an einige Zeitschriften, um die Gerüchte zurückzuweisen. Wenige Monate später nahm Gold Mountain Kontakt mit ihm auf.

»Jeder, der mich kennt, weiß, daß ich kein großer Fan von Nirvana war«, gab Albini zu und beschrieb, daß die Arbeit an diesem Album einfach unumgänglich geworden war. »Allerdings haben mir Bekannte von Nirvana erzählt, wie toll die Bandmitglieder sind«, fuhr er fort. »Das kann ich nur bestätigen. Sie waren alle hervorragend vorbereitet, als sie ins Studio kamen, und ich kam wirklich gut mit ihnen aus.«

Im Gegensatz zu Butch Vig hatte Albini bereits einige Erfahrungen mit großen Firmen und auch Independent Labels gesammelt. Er hatte RID OF ME, das letzte Album von PJ Harvey, und IN THE WEST von Silkworm gemacht. Außerdem hatte er mit den Pixies und England's Wedding Present gearbeitet – einer Band, die es geschafft hatte, innerhalb eines Jahres zwölf Singles herauszubringen, und die dann von ihrer Schallplattenfirma abserviert wurde. Auch mit Pigface – deren Sound genauso brutal klang wie ihr Name – hatte er Aufnahmen gemacht.

Vorher hatte er sich einen Namen mit Big Black gemacht, einer der zukunftsweisenden amerikanischen Bands zu Beginn der achtziger Jahre. Sein Ruf als Mann hinter dem Mischpult ist heute noch ebenso hervorragend wie vor zehn Jahren. Die meisten Leute, die von der bevorstehenden Zusammenarbeit mit Nirvana hörten, hielten das Projekt allerdings für Schwachsinn.

»In der Presse und im Fernsehen haben Nirvana der ganzen Welt ihre Verachtung gezeigt«, berichtete *Alternative Press*. »Warum sollte die Band das nicht auch auf ihrer CD beweisen? Hat sich wirklich jemand eingebildet, daß ein Mann wie Albini, der einen elementaren Primitivismus ausstrahlt, einen Versuch wagen würde, die Band von ihrem Vorhaben abzubringen?« Das Magazin bezeichnete die Verbindung in diesem Artikel als ›Hochzeit, die in der Hölle eines Studios geschlossen wurde.‹

Seit zwölf Monaten kursierte nun das Gerücht, daß Nirvanas nächstes Album, das eigentlich den Titel VERSE CHORUS VERSE tragen sollte, dann aber in IN UTERO umbenannt wurde, ein Schlag ins Gesicht der Musikindustrie werden würde. Kurts Verhalten in dieser Zeit der fast unmenschlichen Anspannungen und Forderungen mußte zwangsläufig irgendwann zu einem Ausbruch führen. Nach dem Auftritt der Band in Buenos Aires schwärmte Kurt hinter der Bühne von den ursprünglichen Klängen, die er seiner Gitarre entlockt hatte.

Albini griff diese Idee wieder auf, als er mit der Band einige Sessions im Studio veranstalten wollte. Seine Ansprüche waren einfach, aber etwas unkonventionell. Er wollte nicht als Produzent der Platte genannt werden – und das war in diesen Kreisen nicht üblich. Albini wollte seinen Namen auf der Platte nur unter dem Titel ›aufgenommen von …‹ erwähnt haben.

Auch was den finanziellen Aspekt betraf, stellte er ungewöhnliche Forderungen. Zusätzlich zu den Studiokosten verlangte er 100 000 Dollar für seine Arbeit im Studio, die letztendlich nur zwei Wochen dauerte. Allerdings verzichtete er auf Lizenzforderungen. Auf dieser Vereinbarung bestand er bei jeder Band. Somit stellte er sicher, daß er sofort auf die Hand für seine Arbeit bezahlt wurde. Außerdem war er der Meinung, daß »jeder, der Lizenzen von einer Platte kassiert, aber weder Musik noch Texte dafür geschrieben hat, ein Dieb ist.«

Ebenso bestand er auf einer Klausel im Vertrag, die jedem – auch den Bandmitgliedern – untersagte, ohne seine Einwilligung an der Schlußversion etwas zu ändern. Später erklärte er, er hätte damit Nirvana schützen wollen. Da er wußte, daß Geffen ihn nicht gern als Produzent des neuen Albums sah, befürchtete er, man würde die Band dazu überreden, eine Nachmischung machen zu lassen. Dieser Punkt sollte noch für erheblichen Ärger zwischen Albini und Nirvana sorgen.

Die Band mietete sich unter dem Namen The Simon Ritchie Group, den Kurt aus Spaß immer in Hotels angab, das Pachyderm-Studio in der Nähe von Minneapolis. Die Mitarbeiter von Geffen hatten während der Aufnahmen keinen Zutritt. Außer an den wenigen Tagen, an denen Courtney vorbeischaute, war die Band zwei Wochen lang mit Albini und seinem Assistenten Bob Weston allein.

Nirvana kamen gut mit Albini zurecht. »Ich versuche, den Mitgliedern einer Band die Aufnahmen so angenehm wie nur möglich zu machen«, sagte der Produzent. »Das bedeutet allerdings nicht, daß man jeder Laune nachgibt, sondern Bedingungen schafft, die während dieser Zeit ein normales Leben ermöglichen. Ich bemühe mich, meinen üblichen Zeitplan einzuhalten. Ich stehe morgens auf, frühstücke, gehe dann ins Studio, arbeite und mache Dave Grohl Feuer unterm Hintern. Zum Abendessen geht's zurück nach Hause. Anschließend schaue ich mir Videos über Tiere in der freien Wildbahn an.« Dave lernte in dieser Zeit mehr über das Liebesleben der Seeanemonen, als ihm lieb war.

So weit, so gut. Doch sobald die Aufnahmen zu dem Album abgeschlossen waren, erschienen vor allem in der englischen Presse Artikel, die die Platte als totalen Reinfall bezeichneten. Noch vor einem Jahr hatte sich Kurt bei einem Interview mit *Rip* über die Kritiker lustiggemacht. »Ich freue mich über jede heftige Reaktion und Kritik, denn übertriebene Vorfreude macht mir angst.« Er sollte mehr kritische Kommentare zu lesen bekommen, als er sich gewünscht hatte.

Das englische Magazin *Select* trug einiges dazu bei, die aufkommenden Gerüchte zu bestätigen. Es veröffentlichte eine zweifelhafte Story über Nirvana, die angeblich ihrem Label das neue Album vorstellten und dann zu hören bekamen: »Diese Demos sind nicht schlecht – wann können wir mit der richtigen Platte rechnen?«

»Es gab tatsächlich einige Journalisten, die behaupteten, ich hätte das neue Album von Nirvana zerstört«, berichtete Albini ungläubig. Kurt entgegnete noch am gleichen Tag: »Ich möchte betonen, daß nur ein einziger Mitarbeiter von Geffen etwas gegen die Aufnahmen vorzubringen hatte.«

Damit meinte er Gary Gersh, der schon viele Jahre in der Firma arbeitete und später zu Capitol Records wechselte. »Ihm gefiel der Sound an vielen Stellen nicht. Aber er hatte sich die Aufnahmen angehört, bevor das endgültige Band gezogen worden war. Auch Albini ist der Meinung, daß danach noch etliche Probleme aus der Welt geschafft wurden.«

Es gab aber noch andere Beschwerden. Kurt erzählte

Michael Azerrad, daß einige Mitarbeiter von Geffen und Gold Mountain die Platte nicht ausstehen konnten. »Die Erwachsenen verstehen nichts davon«, sagte er und schnitt eine Grimasse. Natürlich glaubte man, daß die Band sich deshalb dazu entschieden hatte, »No Apologies« und Kurts Lied für Courtney, »Heart-Shaped Box«, neu abzumischen.

Chris behauptete allerdings, daß er auf einer Überarbeitung bestanden hatte. In der Originalfassung beinhaltete der Song ein langes, effektvolles Solo, bei dem Novoselic angeblich jedesmal eine Gänsehaut bekam. »Die Band berichtete, wie toll das neue Album war, und der Kommentar lautete ständig: Stimmt, aber mußtet ihr dieses Solo aufnehmen?«

Schließlich erklärten sich Kurt und Dave damit einverstanden, das Solo herauszuschneiden. *Alternative Press* kommentierte diese Entscheidung folgendermaßen: »Jetzt laufen die Dinge völlig falsch. Jeder weiß, daß Albini und Nirvana einen Vertrag haben, der klar aussagt, daß nach der Fertigstellung an dem Album nichts mehr geändert werden soll. Plötzlich verzichtete Albini bereitwillig auf die Einhaltung dieser Klausel, als Cobain ihn darum bat.«

Nachdem man Albini den Job angeboten hatte, wurde schließlich Scott Litt mit der Neumischung beauftragt. Er war Chris' Lieblingsproduzent – seit er R. E. M. s AUTOMATIC FOR THE PEOPLE gehört hatte – und ursprünglich für die Produktion von NEVERMIND vorgesehen gewesen. Albini hatte abgelehnt, weil er seiner Meinung nach schon sein Bestes gegeben hatte.

»Es würde einfach nichts bringen, wenn ich noch einmal an diesem Album arbeiten würde. Als sie mich fragten, ob ich mit Scott Litt einverstanden wäre, stimmte ich zu.« Wie Nirvana zeigte er sich verblüfft darüber, daß diese Übereinkunft in der Presse als schwerwiegende Auseinandersetzung zwischen der Band und dem Produzenten dargestellt wurde.

Auch Geffen äußerte Verwunderung. »Wir werden herausgeben, was die Band abliefert,« erklärte Ed Rosenblatt, der Präsident von Geffen. Um Rosenblatts Kommentar zu bestärken, wurde seine Aussage auf Briefpapier mit dem Logo von Geffen an die Presse verteilt. Die Überschrift lautete: »Kurt Cobain von Nirvana widerlegt die Gerüchte, daß Geffen sich in die Aufnahme des neuen Albums eingemischt hätte.«

Während der Aufnahmen zu In Utero hatte sich Chris damit beschäftigt, für *Spin* einen Artikel über den Konflikt in seiner Heimat Kroatien zu schreiben. Als die Arbeiten an dem Album abgeschlossen waren, überredete er Kurt und Dave zu einer Benefizveranstaltung für das Tresnjevka Women's Center in Zagreb, die am 9. April im Cow Palace in San Francisco stattfinden sollte. Nirvana brachten zusammen mit L7, den Breeders und den Disposable Heroes of Hip-hop-risy 50 000 Dollar für die vergewaltigten Opfer der Serben auf, deren Greueltaten angeblich eine ›ethnische Reinigung‹ zum Ziel hatten.

Kurz vor der Herausgabe des neuen Albums schoß sich die Presse wieder auf den angeblichen Streit zwischen Albini und der Band ein. Als die ersten Exemplare erschienen, waren viele von der Vielseitigkeit der Platte überrascht. Ohne prahlen zu wollen, beschrieb Kurt das Album als gleichwertig – und an einigen Stellen sogar besser – als Nevermind.

Von Anfang an bestand er darauf, daß die Aufnahmen dem Publikum als Album vorgestellt würden. »Ich kann Platten nicht ausstehen, die sich anhören, als wären sie in letzter Minute zusammengestellt worden. Auch wenn es jetzt auf CDs nur noch eine Seite gibt, sollte man deutlich heraushören, was für die erste und was für die zweite Seite gedacht ist. Wenn ich mir ein Album anhöre, betrachte ich es als Werk, das über vierzig Minuten geht, und nicht als zehn vierminütige Auszüge. Natürlich gefallen mir immer einige Songs besser als andere, aber alle Lieder haben in dem Gesamtwerk ihren bestimmten Platz. Wenn das nicht so ist, dann kann man das ganze Album vergessen.«

Chris erzählte später, daß es fast genausolang gedauert hatte, die Songs in die richtige Reihenfolge zu bringen, als alles aufzunehmen. »Eigentlich sollte ›Rape Me‹ an erster Stelle stehen, aber wir stellten fest, daß der Anfang ähnlich klang wie ›Teen Spirit‹. Auf keinen Fall wollten wir, daß die Leute dachten, wir hätten NEVERMIND noch einmal aufgewärmt.«

Aus diesem Grund wurden auch zwei Titel, die ursprünglich mit in das Album genommen werden sollten, ausgeklammert. »Verse, Chorus, Verse« und der Song mit dem bezeichnenden Titel »I Hate Myself and Want to Die« kamen nicht auf die Platte, während »Tourrette's« (Originaltitel: »Chuck Chuck«), ein Song, in dem 90 Sekunden lang nur geflucht und geschrien wird, und von dem Kurt Cobain zugab, daß er nicht zu den besten gehörte, aufgenommen wurde. »Der Song paßte zur Stimmung«, meinte er – einer Stimmung, die so komplex und wechselhaft war wie seine eigene.

Das vorherrschende Thema des Albums war eigentlich die Entfremdung zur Welt, der Kurt sich hilflos ausgesetzt fühlte, und versteckter, zorniger Zynismus, der durch Albinis Produktion mit hämmernden Bässen deutlich dargestellt wurde.

Die ersten Zeilen der Eröffnungsnummer »Serve the Servants« spiegelte Cobains eigene Gefühlswelt wider. Er sang von ›teenage angst‹, die sich ›ausgezahlt hatte‹. Im Refrain spielte er auf die Trennung seiner Eltern an, auf die viele seiner psychischen Probleme zurückgeführt wurden, und erklärte, daß ihn dieses Geschwätz mittlerweile langweilte.

Sicher kann man seinen Gemütszustand – den Zorn und die Verletzbarkeit – nicht auf ein einzelnes Erlebnis zurückführen. Es handelte sich wohl um eine Kombination von vielen Ereignissen. Erst nach der Scheidung, als Kurt von einem Verwandten zum anderen abgeschoben wurde, hatte die Familie erkannt, daß er ein sehr sensibles Kind war. Auf In Utero brachte er das an mehreren Stellen deutlich zum Ausdruck. (In »Dumb« bekennt er: »Ich bin nicht wie die anderen, aber ich kann so tun als ob.) Die Scheidung seiner Eltern war auf jeden Fall ein Auslöser.

»Seit meinem siebten Lebensjahr (seine Eltern ließen sich scheiden, als er acht war, aber die Schwierigkeiten in der Familie hatten sicher schon eher begonnen) hasse ich alle Menschen«, schrieb er in seinem Abschiedsbrief. »Warum? Weil ich für alle viel zuviel Mitgefühl empfinde.«

Kurt litt sehr darunter, daß die Menschen nicht miteinander auskamen. Der Song »Territorial Pissings« auf dem Album Nevermind ist dafür sehr bezeichnend. Chris singt am Anfang »Get Together« von den Youngbloods an. »Kommt jetzt alle zusammen – ihr müßt euch einfach verstehen ...« Es war als Scherz gedacht, aber war es wirklich ein Zufall?

Cobain begann sich zu öffnen. Bei In Utero brachte er deutlich seine Verzweiflung zum Ausdruck. Ein Kenner der Szene bemerkte seufzend: »Mein Gott, er hat schon wieder ein Album gemacht, in dem er den Schmerz über seinen Ruhm ausdrückt.« Diese mißbilligende Bemerkung traf allerdings hauptsächlich für Songs zu, die schon gemacht worden waren, bevor die Band berühmt wurde – zum Beispiel »Rape Me« und »Penny Royal Tea«. (Der letzte Titel ist auch die Bezeichnung für eine Abtreibung mit homöopathischen Mitteln.)

Bei den wenigen Interviews, die Nirvana kurz nach der

Veröffentlichung von IN UTERO in Amerika und Europa gaben, distanzierte sich Kurt entschieden von seinem Status. Die ganze Band wollte anscheinend mit ihrem Erfolg plötzlich nichts mehr zu tun haben.

Wenn die Bandmitglieder von den Ereignissen der letzten achtzehn Monate sprachen, bezogen sie sich auf den Durchbruch von NEVERMIND und handelten den überwältigenden Erfolg von »Teen Spirit« als eigene Sache ab. Sie vermittelten den Anschein, als ob diese beiden Dinge nichts mit Nirvana zu tun hätten. Von ihrem Ruhm wollten sie nichts hören.

Im Juli sprach Chris mit *Alternative Press*: »Wir wurden in einer Zeit der politischen und sozialen Veränderungen bekannt. Viele Menschen, die während des Golfkriegs ihre Begeisterung gezeigt hatten, fragten sich auf einmal, was das alles sollte, und ob es wirklich etwas ändern würde. Als sie sich diese Fragen nicht beantworten konnten, wurden sie zornig.«

»Teen Spirit« reflektierte diese Wut. NEVERMIND schlug genau in die richtige Kerbe. Ein unvermeidlicher und unerfreulicher Nebeneffekt bestand darin, daß Nirvana durch ihre Schallplatten in diesen Sog hineingezogen wurden.

Kurt gestand einmal, daß es sein größter Wunsch gewesen war, mit Sonic Youth auf Tournee zu gehen. Mittlerweile war dieser Traum schon mehrmals wahr geworden, und jetzt befürchtete Kurt, daß die Rollen vertauscht würden, also Sonic Youth als Zugpferd für Nirvana fungieren sollten. Geffen hatte diesen Punkt bereits angesprochen, und Kurt schien zu glauben, daß es nur noch eine Frage der Zeit war.

»Ich habe keine Angst, daß sie uns von der Bühne fegen – wahrscheinlich gelingt ihnen das sogar. Ohne Vorbilder wie Sonic Youth würde es keine Bands wie Nirvana geben.« Sonic Youth würde als Begleitband auf einer Nirvana-Tour kommerziell sicher sehr profitieren, aber irgend etwas war Kurt daran nicht geheuer.

Ein Vorfall zeigt ganz deutlich, wie sehr Kurt seine eigene Position ablehnte.

Im Juli 1993 wurde die Journalistin Jo-Ann Greene in Seattle damit beauftragt, einen Kollegen zu einem Interview mit Nirvana in die Innenstadt zu fahren. Der Termin war bereits einige Male verschoben worden, und die beiden befürchteten, daß das Interview auch an diesem Tag nicht stattfinden würde. Jo-Ann Greene setzte ihren Kollegen an dem vereinbarten Hotel ab. Dann parkte sie ihren Wagen und ging hinein, um sich zu vergewissern, daß der Termin geklappt hatte.

Sie sah, daß Nirvana bereits mit ihrem Kollegen in der Lobby waren, und ging auf sie zu, um sie zu begrüßen.

»Kurt stand zwischen Chris Novoselic und Dave Grohl. Als er mich bemerkte, lächelte ich ihm zu, aber er senkte sofort den Blick. Während ich näherkam (ich war immer noch mindestens zehn Meter von ihm entfernt), wurde er unruhig. Er sah sich gehetzt um und zog die Schultern hoch. Schließlich wich er sogar einige Schritte zurück. Als sich unsere Blicke wieder trafen, trugen seine Augen einen Ausdruck der Verzweiflung – er glich einem in die Enge getriebenen Tier. Die anderen Bandmitglieder schienen sein Verhalten nicht zu bemerken. Grohl lächelte mir freundlich zu, während Kurt sich hinter Novoselic versteckte, der um einiges größer war als er. ›Ich gehe jetzt wieder – macht's gut, Jungs‹, sagte ich. Als ich mich umdrehte und zum Ausgang wandte, hörte ich, wie Kurt erleichtert seufzte.«

Später sprach Greene ihren Kollegen auf den Vorfall an. »Ich habe bemerkt, daß du ihn fast zu Tode erschreckt hast«, erwiderte er lachend.

Chris und Daves Reaktion ließ jedoch darauf schließen, daß sie Kurts Benehmen nicht ungewöhnlich fanden. Erst zehn Monate später wurde Greene klar, wie unnatürlich Kurts Auftreten gewesen war. Sein Abschiedsbrief brachte klar zum Ausdruck, wie schwer er damit umgehen konnte, ein Star zu sein – sein Verhalten hatte es aber schon viel früher gezeigt. Nach dieser kurzen Begegnung mit Kurt wußte Greene, daß »das Unerträgliche für ihn zur Normalität geworden war – bis er es schließlich nicht mehr aushalten konnte.«

Am 10. April brachte Courtney Love auf der Gedenkfeier in Seattle die Fans dazu, mit ihr im Chor ›Arschloch‹ zu rufen. Greene schrieb darüber: »Arschloch? Nein. Ich habe einen verstörten, verängstigten Mann kennengelernt. Den gehetzten Ausdruck in seinen Augen werde ich niemals vergessen.«

9

Zuerst hörte man nur leises Murren im Hintergrund der Halle. Dann schrie irgend jemand: »Spielt endlich Rock'n'Roll!« Cobain sah von der akustischen Gitarre auf und warf einen Blick aus seinen strahlend blauen Augen ins Publikum. Dylan war es in Newport so ergangen, und Bowie hatte es in Philadelphia erlebt. Sollte es jetzt Nirvana ausgerechnet in New York treffen? Diese Verräter!

Eine Woche zuvor hatte Cobain in Seattle begeistert davon gesprochen, daß Nirvana einige akustische Nummern in die Live-Show einbauen wollten. »Viele Leute wissen nicht, daß wir nicht nur kreischenden Punk und Rock spielen können«, erklärte er lächelnd. »›Unplugged‹ ist zwar im Moment ein Modewort, aber wenn man es gut macht ...«

Nirvana machten ihre Sache im New Music Seminar sogar sehr gut. »Polly« war mit Celloklängen unterlegt und ging unmittelbar in einen zweiten und dritten Song über. Nachdem aber »Territorial Pissings« bei den 3000 Zuhörern wahre Begeisterungsstürme ausgelöst hatte, konnten die Fans mit den vier aufeinanderfolgenden Songs, die sie nicht einmal ins Schwitzen brachten, nichts anfangen. Die zuerst vereinzelten Buhrufe schwollen weiter an, und schließlich wurde der Ruf nach Rock'n'Roll immer lauter.

Später beschwerte sich Kurt, daß die Leute während des akustischen Teils so laut miteinander gesprochen hatten, daß er seine eigene Musik kaum noch gehört hatte. »Ich finde das sehr unhöflich. Selbst wenn jemand von einer Band nicht voll überzeugt ist, sollte er doch genügend Respekt für sie aufbringen. Offensichtlich sind die New

Yorker einfach so.« Nirvana hatten solchem Druck in der Vergangenheit nie nachgegeben, und sie dachten nicht daran, es jetzt zu tun. Sie beschlossen, den akustischen Teil im Programm zu lassen.

»Ich will nicht wie U2 eine Show in ein verkitschtes Singspiel ausarten lassen und das Leben eines Rock'n'Roll-Stars so sarkastisch darstellen, daß es nur noch komisch wirkt.« Für Kurt war sein Beruf nicht komisch – er verdiente damit sein Geld und auf eine seltsam gezwungene Art und Weise war er auch sein Lebensinhalt.

Als Courtney neun Monate später Kurts Abschiedsbrief den Fans vorlas, versuchte sie immer wieder Antworten auf die ungeklärten Fragen zu finden. Wenn Kurt so sehr haßte, was er tat, warum ließ er es nicht einfach bleiben?

Weil er nicht konnte – man hätte es nicht zugelassen. Die Idee, einfach alles hinter sich zu lassen und ein zurückgezogenes Leben zu führen, ist unglaublich romantisch. Howard Hughes, Brian Wilson und Syd Barrett von Pink Floyd machten sich aus unterschiedlichen Gründen auf dem Höhepunkt ihrer Karriere aus dem Staub. Alle drei zogen sich aus dem Rock- bzw. Filmzirkus zurück und wurden zu lebenden Legenden.

Aber konnten sie danach wirklich ein friedliches Leben führen? Hughes wurde ein begehrtes Objekt der Klatschkolumnen – bis heute erscheinen noch Geschichten über seine Verschrobenheit. Über Wilson wurde heftig spekuliert, und Barrett war von so fanatischer Mythologie umgeben, daß seine Kollegen aus der Band selbst sieben Jahre nach seinem Ausscheiden noch Songs über ihn schrieben. Die seltenen Male, die er sich aus dem Haus wagte, wurden von der Presse zu ungewöhnlichen Ereignissen hochstilisiert. Für ihn selbst war das sicher schließlich ebenso der Fall.

Ein Fanmagazin brachte sogar eine regelmäßige Kolumne mit dem Titel ›Syd Sightings‹ heraus, als wäre er ein

UFO. Unter dieser Rubrik erschienen vorstellbare, aber auch völlig unsinnige Geschichten über ihn. Falls Kurt jemals daran gedacht hatte, sich zurückzuziehen, um dem Rummel zu entgehen, hatte ihn Syd Barretts Geschichte sicher nicht dazu ermutigt.

So machte er einfach weiter. Er war verbittert, reizbar und traurig, achtete aber verbissen darauf, sich soweit unter Kontrolle zu haben, daß den Leuten, die ihm hätten helfen können, seine tiefsten Empfindungen verborgen blieben.

Courtneys Reaktion auf seine letzten Worte lassen den Schluß zu, daß auch sie nicht wußte, wie schlecht es ihrem Mann ging, als Nirvana nach dem Erscheinen von In Utero 1993 in Amerika und Europa auf Tournee gingen. Das ist nicht verwunderlich – er war zu dieser Zeit kaum zu Hause. Ihre wenigen Treffen spielten sich in Hotels, nach Auftritten hinter der Bühne oder einmal im Studio ab, während Hole ein Album aufnahm. Bei diesen Gelegenheiten hatten beide so viel um die Ohren, daß Kurt wohl nicht mit Courtney über seine Probleme sprechen wollte, auch wenn sie dazu bereit gewesen wäre.

Der Streit um das Buch von Clarke und Collins war mittlerweile in den Hintergrund gerückt, doch es gab noch viele andere Journalisten, die Kurt Cobain ständig verfolgten. Selbst wenn er privat unterwegs war, mußte er immer auf der Hut sein.

Es gab aber auch glückliche Momente. Nach einem Konzert in Amerika verkündete Kurt auf dem Weg ins Hotel plötzlich, er habe Hunger und wolle an einem Taco Bell anhalten.

Einer der Tourbegleiter war entsetzt. »Du kannst da nicht hineingehen! Es ist halb zwölf Uhr nachts. Das Konzert ist erst vor kurzem zu Ende gegangen, und der Laden ist sicher völlig überfüllt!«

Kurt gab nicht nach. Das Konzert war großartig gelaufen, er hatte gute Laune und war hungrig. »Halt an. Wir gehen hinein.«

Völlig außer sich folgte der Angestellte Kurt in das gut besuchte Restaurant. »Ich habe ihn noch nie so glücklich erlebt«, berichtete er später. »Er hat sich einfach hingesetzt, Autogramme gegeben, mit den Fans gesprochen und sich dabei prächtig amüsiert.«

In den Tagen nach seinem Tod tauchten immer wieder solche Geschichten in den Medien auf, die Kurt nun als ›trauriges, unverstandenes Genie‹ darstellten. Früher war er oft als egozentrischer Eigenbrötler geschildert worden. Jetzt berichteten die Medien von den vielen Gelegenheiten, wo er sich lächelnd den Kameras gestellt und Autogramme gegeben hatte und – selbst wenn man ihn völlig überraschend aufgestöbert hatte – freundlich und ruhig geblieben war.

»Vielleicht war er ein Junkie und etwas verwirrt. Vielleicht hat er wirklich all die Dinge getan, die in der Presse über ihn berichtet wurden«, hieß es in einem Artikel. »Aber er war auch ein Mensch – und das zeigte er viel öfter, als man allgemein glaubte.«

Nirvana verbrachten fast den ganzen Herbst 1993 in den Vereinigten Staaten, und im kommenden Jahr sollte Europa an die Reihe kommen. Die Tournee war viel länger, als Kurt sie sich gewünscht hatte. Trotzdem wehrte er sich nicht dagegen. Überall wurde berichtet, wie gut und überzeugend die Band auf der Bühne spielte, und wie sehr Kurt anscheinend Gefallen daran fand.

Nirvana hatten sich für die Tournee wieder einen zweiten Gitarristen geholt. In New York hatten sie mit Big John von English Oi! legends The Exploited gespielt. Jetzt kam Pat Smear zu ihnen, der früher bei den legendären Germs für den röhrenden Gitarrensound gesorgt hatte. Kurt konnte sich jetzt mehr auf den Gesang konzentrieren und nahm diese Gelegenheit begeistert wahr.

Hinter der Bühne war er sehr verschlossen. Tourbegleiter berichten davon, daß er sich viele Stunden schweigend zurückzog. Eventuell war dies das Zeichen einer beginnenden Depression. Selbst für Fachleute ist es jedoch oft schwierig, diesen Krankheitszustand festzustellen – vor allem, wenn der Betroffene nicht darüber sprechen will.

Als Kurt sich in den letzten Monaten seines Lebens immer mehr in Schweigen hüllte, fingen sowohl die Leute von Geffen als auch die von Gold Mountain an, sich Sorgen um Kurt zu machen. Natürlich dachten sie nicht nur an den menschlichen Aspekt. Auch das geschäftliche Interesse an Kurt spielte eine Rolle – schließlich verdienten sie eine Menge Geld mit ihm.

Einige Tage nach Kurts Tod wurde Kritik laut, daß die Menschen, die sich eigentlich um ihn hätten kümmern sollen, zu wenig für ihn getan hatten. Ein sichtlich schockierter Mitarbeiter von Geffen beteuerte, daß man sich wirklich um Kurt bemüht und ihm mehrmals Hilfe angeboten hatte. »Aber wie kann man einem Menschen helfen, der keine Hilfe will und niemanden an sich herankommen läßt?«

Kurt war gefühlsmäßig in einem Teufelskreis von extremen Höhen und Tiefen gefangen – viele Leute spekulieren mittlerweile, ob er an manischer Depression litt, da dies zu den typischen Anzeichen dieser Krankheit zählt. Wenn er sich gut fühlte und glaubte, die Welt gehörte ihm, brauchte er keine Hilfe. In seinen schlechten Phasen traute er niemandem über den Weg. Dann glaubte er, sich nur auf sich selbst verlassen zu können, weil alle anderen ihn ja doch nur ausnützen wollten.

Kurt wußte, daß er sowohl Mensch als auch ein Marktposten war. Eine der wichtigsten Eigenschaften für einen Star ist die Fähigkeit, seine Umgebung richtig einschätzen zu können und instinktiv zu wissen, ob die Leute das eine oder andere in ihm sehen. Kurt konnte das nicht. Wenn er gut gelaunt war, waren alle seine Freunde und er vertraute jedem bedingungslos. Einige Journalisten, die ihn in solchen Phasen erlebten, berichten, sie hätten nach einem Interview mit ihm gedacht, einen Freund fürs Leben gefunden zu haben.

Wenn Kurt sich schlecht fühlte, glaubte er, alle wären gegen ihn.

Trotzdem wollte er keinen Bodyguard, der ihn vor neugierigen Fans und Reportern schützen sollte. Das paßte nicht zu Punk Rock. Ein Freund erzählt, daß Kurt immer noch der Meinung war, Nirvana hätten nichts mit der Mainstream-Musikindustrie zu tun, auch wenn sie sich deren Praktiken unterwarfen und Mainstream-Musik machten. Wie sonst kann man es bezeichnen, wenn eine Band mit zwei Alben weltweit auf Platz eins der Charts rangiert?

»Axl Rose hat einen Bodyguard«, sagte er verächtlich, als das Thema angeschnitten wurde. »Ich bin aber nicht Axl Rose.«

In einem Interview, das wenige Wochen vor Kurts Tod in dem Magazin *Spin* erschien, versuchte Courtney seine Haltung zu erklären. Eddie Van Halen, der Gitarrist der gleichnamigen Metal Band, tauchte einmal bei einem Konzert von Nirvana hinter der Bühne auf. »Er flehte sie förmlich an, bei der Zugabe mit auf die Bühne kommen zu können. Ihm war wohl nicht klar, daß es Nirvana unter anderem aus dem Grund gibt, um solche Dinosaurier wie ihn fertigzumachen.«

Siebzehn Jahre zuvor hatten auch die Sex Pistols, The Adverts und noch ein paar Punkbands dieses Ziel vor Augen gehabt. Konnten Nirvana dort weitermachen, wo die anderen versagt hatten? Das würde nur die Zeit zeigen – doch davon blieb Kurt nicht mehr viel.

Im Oktober lösten Nirvana Kurts Versprechen ein und traten bei *MTV Unplugged* auf.

Etwa zur gleichen Zeit gab das Independent Label Tim/Kerr Records in Portland »The Priest They Called Him« heraus, das Kurt gemeinsam mit William Burroughs eingespielt hatte.

Die Atmosphäre bei *MTV Unplugged* war entspannt. Der zweite Gitarrist Smear war wieder mit von der Partie, und Lori Goldstein vom Black Car Orchestra aus Seattle spielte Cello. Nirvana boten einen ziemlich langen Set, für den sie nicht nur Songs aus ihrem eigenen Repertoire ausgewählt hatten – sie spielten auch einige Titel von befreundeten Bands.

Darunter waren ein Song der Vaselines, zwei klassische Stücke der Meat Puppets (hier erschienen Cris und Curt Kirkwood als Gäste auf der Bühne, und Kurt stellte sie als die Meat-Puppets-Brüder vor) und sogar »The Man Who Sold The World« von David Bowie. Vor diesem Stück warnte Kurt das Publikum: »Ich garantiere euch, daß diese Nummer total daneben geht.« Natürlich war das nicht der Fall. Kurt schmückte den Mittelteil mit einem auf makabre Weise passenden Wortspiel aus. »Mit anderen Multimillionären starrte ich blicklos vor mich hin – ich bin wohl schon vor langer, langer Zeit allein gestorben.«

Ende des Jahres standen Nirvana wieder bei MTV vor der Kamera. Zusammen mit Pearl Jam sollten sie das Neujahrskonzert des Senders bestreiten.

Diese Kombination war nicht ganz einfach. Pearl Jam setzten sich aus Mitgliedern der in den achtziger Jahren bekannt gewordenen Bands Green River und Mother Love Bone aus Seattle zusammen. Wenige Monate nach Nirvanas Durchbruch hatten es auch Pearl Jam geschafft und mit ihren Plattenverkäufen sogar die erstaunlichen Statistiken von NEVERMIND in den Schatten gestellt.

Es war aber nicht Eifersucht, die Kurt dazu verleitete, die Band bei jeder Gelegenheit schlechtzumachen. Wie bei Sonic Youth, denen er die Möglichkeit gegeben hatte, als

Vorband von Nirvana aufzutreten, befand er sich in einem moralischen Dilemma.

»Es ist meine Pflicht, die Leute vor falscher Musik zu warnen, die sich als Underground oder Alternativmusik ausgibt«, erklärte er dem Magazin *Rolling Stone*. Schon früher hatte er über Pearl Jam gesagt: »Sie sind für diesen Misch-Masch aus alternativer Musik und ›Cock-Rock‹ verantwortlich.« Jetzt fügte er hinzu: »Sie springen nur auf einen fahrenden Zug.«

Natürlich ist diese Aussage ein zweischneidiges Schwert. 1977, als der britische Punk aufkam, tauchten damit auch eine Menge fragwürdiger Bands auf, die ebenfalls in die wachsende Gemeinschaft aufgenommen wurden. Ebenso verwischten sich die Grenzen, als in den früheren neunziger Jahren, die ›echten‹ Bands der alternativen Musik ihre ersten Erfolge feierten. Auch Nirvana waren von der Musikindustrie oft an Stellen vermarktet worden, die sie nicht selbst gewählt hatten. Ihre Videos wurden in *Headbangers Ball* gezeigt, und in *Metal Hammer* und *Kerrang!* erschienen Fotos von der Band. Einmal bot man Nirvana sogar an, an einer Tour von Guns n' Roses und Metallica mitzuwirken – die Band lehnte allerdings ab.

Der Streit zwischen Nirvana und Pearl Jam hing stark von den jeweiligen Erfolgen der beiden Bands ab. Ende 1993 hatten beide gerade die langersehnten Nachfolgealben zu ihren Platinplatten herausgebracht. Beide hatten in den Billboard Charts auf Platz eins gelegen. Das MTV-Konzert war ihre Chance, das Kriegsbeil öffentlich zu begraben, doch es sollte anders kommen.

Je näher der Auftritt rückte, um so nervöser wurde die Mannschaft von Pearl Jam – Eddie Vedder, der Sänger der Band, fehlte noch. Er tauchte auch später nicht auf, und so spielten Nirvana allein. Die Hoffnungen auf eine gemeinsame Zugabe am Schluß des Neujahrskonzerts verflogen. Statt dessen spekulierten die Medien aufgeregt über Vedders Verschwinden. Kurt konnte sich ein Lächeln nicht verbeißen – er wußte ja nicht, daß nur vier Monate später er derjenige sein würde, der eine noch größere Jagd auslösen sollte. Allerdings würde sich bei ihm nicht herausstellen, daß er mit Grippe im Bett lag …

Nirvanas Auftritte in Großbritannien und anderen Ländern Europas wurden besonders durch die Sondereinlagen interessant gestaltet. In London traten auf Kurts Wunsch die Raincoats mit den Gründungsmitgliedern Anna da Silva und Gina Birch auf. Bei Konzerten außerhalb Großbritanniens spielten sie mit der legendären Punkband Buzzcocks zusammen.

Kurt stand fast jeden Abend neben der Bühne und sogar mitten unter den Zuhörern und lauschte begeistert Pete Shelleys bittersüßen Liebesliedern. Vielleicht schlüpfte er dann in Gedanken wieder in die Rolle des jugendlichen Außenseiters, der stundenlang in seinem Zimmer Pete Shelley gehört und sich mit jeder Textzeile identifiziert hatte.*

Auch die Melvins waren einige Male mit von der Partie. Einige Monate vorher hatte Kurt im Studio ihr siebtes Album, HOUDINI, produziert.

Seit Kurt in *Saturday Night Live* mit einem T-Shirt der Melvins aufgetreten war, hatte das Interesse an dieser Gruppe stark zugenommen. »Wirkungsvollere Werbung können wir uns nicht wünschen«, bemerkte Buzz Osbourne lachend. Doch es sollte noch besser kommen.

Wenn Kurt gefragt wurde, welche Musik ihn beeinflußt hatte, oder für wen er im Rock'n'Roll Zukunft sähe, erwähnte er immer die Melvins. Nun hatte er für diese Band auch noch sein Debüt als Produzent gegeben. Der Wirbel

* Pete Shelley ist der Sänger der Buzzcocks, deren erste Platte, TIME'S UP, 1976 erschien. – *Anm. d. Red.*

über die Herausgabe von IN UTERO hinderte ihn allerdings daran, diese Arbeit ganz fertigzustellen. Dale Crover erklärte, daß Kurt einige interessante Anregungen gab, der Band aber meist freie Hand ließ. »Er war ein Mensch, der viele Ideen hatte – also der ideale Produzent für eine Band, wie wir es sind.«

Die Tournee näherte sich allmählich dem Ende. Am 22. Februar lieferten Nirvana ein hervorragendes Konzert in Rom ab, das als eines der besten der ganzen Tour bezeichnet wurde. Die nächsten beiden Auftritte in Mailand waren jedoch eine Katastrophe. Kurt machte einen merkwürdigen Eindruck und spielte ganz anders als sonst. »Er sah aus wie eine lebende Leiche«, bemerkte ein Zuschauer.

Bei den Schlußkonzerten in Deutschland lief es nicht viel besser. Als Kurt am 1. März nach dem letzten Auftritt in München die Bühne verließ, sprach sein Blick Bände. Er wollte und konnte einfach nicht mehr spielen.

Von München aus flog Kurt nach Rom, um sich dort mit Courtney zu treffen. Das Ehepaar quartierte sich im Excelsior Hotel ein und wollte sich dort einige Zeit wohlverdiente Ruhe und Entspannung gönnen.

Innerhalb weniger Tage sollte jedoch wieder ein grelles Blitzlichtgewitter auf sie niedergehen.

Epilog

Erstaunlicherweise schien niemand den Schuß gehört zu haben. Zwei Tage später, am Donnerstag, den 7. April, wurde die Polizei in Seattle bei einem Anruf gebeten, auf dem Anwesen von Cobain nach dem Rechten zu sehen. Fünf Minuten später erklärte ein zweiter Anrufer, es habe sich nur um einen Scherz gehandelt.

Die Polizeibeamten wollten die Sache aber auf jeden Fall überprüfen. Das Haus schien leer und ruhig, und die Handwerker, die schon seit Beginn der Woche dort arbeiteten, wußten nichts von irgendwelchen ungewöhnlichen Vorkommnissen. Ihrer Meinung nach waren Mr. und Mrs. Cobain in den vergangenen Tagen nicht in der Nähe des Hauses gewesen. Auch die Privatdetektive, die mit der Suche nach Kurt beauftragt waren, und die Nachbarn bestätigten diese Aussage. Cobain lag jedoch schon seit drei Tagen dort, wo er sich erschossen hatte.

In L. A. wußte Courtney nicht mehr ein noch aus. Bereits eine Woche war vergangen, seit sie zum letzten Mal mit ihrem Mann gesprochen hatte. Ihr Anwalt Barry Tarlow berichtete später, sie sei zu diesem Zeitpunkt »außer sich, besorgt und beunruhigt« gewesen. Angeblich bekam sie dann eine Allergie von den Beruhigungsmitteln, die man ihr deshalb verschrieben hatte. Als sich Schwellungen und ein Hautausschlag bemerkbar machten, rief Courtney verzweifelt den Notdienst unter 911.

Man fuhr sie rasch ins Century City Hospital – allerdings nicht wegen der Allergie, sondern weil man vermutete, sie hätte eine Überdosis Drogen genommen. Nachdem sie behandelt worden war, kam sie wegen Besitz von Drogen und Drogenbesteck (darunter eine Injektionspritze) in Untersuchungshaft. Außerdem warf man ihr Besitz gestohlenen Eigentums vor. Dabei handelte es sich um einen Rezeptblock, den ihr Arzt – laut Tarlow – in ihrem Zimmer vergessen hatte.

Tarlow wies auch die Anklage wegen Drogenbesitz zurück. Angeblich handelte es sich bei dem feinen Puder, den die Beamten in einem Amulett gefunden hatten, um Asche.

Drei Stunden nach ihrer Verhaftung wurde Courtney gegen 10 000 Dollar Kaution freigelassen. Die weitere Vernehmung wurde auf den 5. Mai festgesetzt. Courtneys Warten sollte jedoch bald ein Ende haben.

Gary Smith, ein fünfzigjähriger Elektriker der Firma Veca Electrical Contractors in Bellevue, kam am Freitag, den 9. April, gegen halb neun Uhr morgens vor dem Haus der Cobains an, um dort ein Sicherheitssystem zu installieren.

»Ich ging zur Hintertür der Garage, um zu prüfen, wo ich ein Kabel anbringen konnte.« Dann sah er die Leiche »durch ein Glasfenster in der Tür.« Zuerst dachte er allerdings, es handle sich um eine Schneiderpuppe neben einem umgestürzten Blumentopf.

Doch dann bemerkte er das geronnene Blut am rechten Ohr und das Gewehr, das auf das Kinn gerichtet war.

Smith lief zu seinem Wagen und benachrichtigte seine Firma. »Ruft 911 – hier liegt eine Leiche!« Er erklärte, daß er Kurt Cobain nicht erkannt hatte – er hatte ihn zuvor noch nie gesehen. »Wenn er auf der Straße an mir vorbeigelaufen wäre, hätte ich nicht gewußt, wer das ist.«

Während Smith auf das Eintreffen der Polizei wartete, benachrichtigte sein Boß den örtlichen Radiosender KXRX-FM.

»Er berichtete einige Einzelheiten«, erzählte DJ Beau Roberts, der den Anruf entgegennahm. »Aber als ich ihn nach seinem Namen fragte, legte er auf. Wir dachten, es würde sich wieder einmal um eine Falschmeldung handeln.« Das wäre nicht die erste gewesen. Die Gerüchteküche brodelte bereits, und selbst ein kleiner Hinweis konnte eine Flut von Meldungen auslösen.

Erst nach einem zweiten, detaillierteren Anruf forschte KXRX nach. Als Polizeibeamte bestätigten, daß man tatsächlich einen Toten gefunden hatte, gab der Sender seine Informationen an die Zuhörer in Seattle weiter.

Viele Hörer waren wie betäubt und warteten neben dem Radiogerät auf eine Bestätigung, weitere Meldungen oder Gerüchte. MTV sendete den ganzen Tag über den Vorfall – ihre Berichterstattung wurde später von *Time Magazine* mit der verglichen, die nach der Ermordung von John F. Kennedy einunddreißig Jahre zuvor gebracht worden war – »mit Kurt Loder in der Rolle von Walter Cronkite.«

Die Lokalzeitung *Seattle Times* konnte selbst in der Mitternachtsausgabe nur bestätigen, daß ein Toter gefunden worden war. Auch die Polizei blieb zurückhaltend. Es gab einen Abschiedsbrief, aber die Beamten »wollten nicht verraten, wer ihn unterschrieben hatte, an wen er gerichtet war oder wie der Text lautete. Sie sprachen auch nicht über die Identität des Toten.«

Für Cobains Fans reichte das Gerücht jedoch aus. Trotz des Nieselregens bildeten sich bereits um 11.30 Uhr die ersten Grüppchen und zogen nach Madrona. Am Nachmittag hatten sich einige Dutzend Fans dort versammelt, und selbst jeder desinteressierte Passant bemerkte, daß sich in diesem friedlichen, ländlichen Nobelviertel etwas sehr Trauriges, Tragisches ereignet hatte.

An anderen Orten ging es weitaus hektischer zu. Die Krisentelefondienste in Seattle benötigten bis zu einer Viertelstunde, um ein Gespräch entgegennehmen zu können. Selbst nach Mitternacht konnten sie den Ansturm kaum bewältigen. Eine der freiwilligen Mitarbeiterinnen berichtete, daß sie noch nie einen solchen Tag erlebt hatte – sie hoffte, sie müßte so etwas nie mehr durchmachen.

Drei Tage später, am Montag, den 11. April, wurde die erste Nachahmungstat registriert – und es sollte nicht die letzte sein. »Cobain war ein begabter Künstler, aber seine letzte Botschaft beinhaltet, daß Selbstmord in Ordnung ist«, beklagte sich Gary Lock von King County gegenüber der Presse. »Wir müssen darauf reagieren und deutlich zeigen, daß es Hilfe gibt.« Der Sender MTV unterstützte ihn, indem er am folgenden Wochenende in *von Week in Rock* einen Beitrag zur Verhinderung von Selbstmord brachte.

KXRX und KISW kündigten an, daß sie das geplante Programm verschieben und statt dessen am Wochenende nur Nirvana-Songs spielen würden. »Die Leute befinden sich in einem Schockzustand«, sagte Mike West, der Programmdirektor von KXRX. »Für die sogenannte ›Generation X‹ war Kurt Cobain der John Lennon ihrer Zeit. Sie lebten für jedes seiner Worte.«

Mike Jones, DJ von KISW, stimmte ihm zu. Bei dem Sender waren den ganzen Tag über die Telefone heißgelaufen. Hunderte von Fans hatten angerufen, die »nicht hören wollten, was wir ihnen sagen mußten. Sie erwarteten, daß wir bestätigten, es wäre nur ein Gerücht.«

Leider stimmte die Meldung doch. Am Abend gaben KXRX, KISW und KNDD bekannt, daß sie am Sonntag im Seattle Center Flag Pavilion eine Gedächtnisfeier veranstalten würden. Am Samstag sollte in Kurts Geburtsstadt Aberdeen eine Nachtwache bei Kerzenlicht stattfinden. Auch die Feier im Crocodile Café zum sechsten Jahrestag des Labels Sub Pop, die schon seit langem für diesen Abend geplant war, wurde kurzerhand zur Totenfeier erklärt, und die Kameraleute trafen noch vor den geladenen Gästen ein.

Für die versammelte Pressemannschaft war der Abend

jedoch eher enttäuschend. Die Stimmung war gedrückt. Sunny Day Real Estate, Pond und Velocity Girl – drei Bands, die von Sub Pop entdeckt worden waren – traten auf, aber selbst ihre Fans schienen nicht recht bei der Sache zu sein. Bruce Pavitts Stimme klang traurig, als er eine kurze Rede hielt. »Vieles, was wir (Sub Pop) erlebt haben, hängt eng mit der Geschichte Nirvanas zusammen ... Wir sollten uns an Kurt Cobains positive Seiten erinnern.«

Später gingen viele der Gäste noch zu Linda's Tavern, die Bar, an der Jonathan Poneman und Pavitt von Sub Pop beteiligt sind. Angeblich war Kurt eine Woche vor seinem Tod dort noch gesehen worden.

Die Plattenläden erlebten einen gewaltigen Ansturm. Am Freitag nachmittag gegen drei Uhr konnte man in Seattle nur noch vereinzelt Aufnahmen von Nirvana kaufen. Viele Läden hatten bereits ihr Telefon ausgehängt. »So einen Tag haben wir seit John Lennons Tod nicht mehr erlebt!« stöhnte eine der Angestellten. In der folgenden Woche kletterten Nirvanas sämtliche Alben in den Charts wieder beachtlich nach oben. IN UTERO wanderte von Platz 72 auf 27 – die Verkaufszahlen stiegen um 40 000. Der Verkauf von NEVERMIND verdreifachte sich. In der vergangenen Woche waren 7000 Exemplare verkauft worden – jetzt stieg das Album in den Charts von Platz 167 auf 56. INCESTICIDE schaffte erneut den Sprung in die Charts und belegte Platz 147. BLEACH steigerte sich von 2000 auf 9000 verkaufte Exemplare. Und diese Verkaufszahlen zeigten nur die Ergebnisse bis zum Sonntag nach der Tragödie.

Wo es keine Platten von Nirvana mehr zu kaufen gab, stürzten sich die Fans auf die Alben von Hole. LIVE THROUGH THIS, das zweite Album der Band, wurde am Dienstag nach Kurts Tod herausgegeben – dieser Termin stand schon lange fest. Rich Price, Geschäftsführer einer Musicland-Filiale in Seattle meldete dem *Post Intelligencer*:

»Bereits am Tag der Lieferung waren wir ausverkauft. Sehr viele Leute wollten die Platte bestellen. Das Album hatte zwar vor Kurts Tod bereits gute Kritiken bekommen, aber jetzt sind die Leute ganz verrückt danach.«

Trotz dieser ganzen Aktivitäten gab es nicht viel Neues zu berichten. Kurts Leiche war anhand seiner Fingerabdrücke identifiziert worden, und am Freitag gegen sieben Uhr abends sah man einige schwarze Limousinen die Auffahrt zum Haus hinauffahren. Anstelle der Polizeibeamten bewachte jetzt ein privater Sicherheitsdienst das Gelände.

Courtney Love war noch nicht erschienen. Die Nachricht über ihre Verhaftung am Tag zuvor war von allen Reportern als Falschmeldung oder Gerücht eingeschätzt worden. Journalisten und Kameraleute machten sich stattdessen in den verschiedensten Städten auf die Suche nach ihr. Es wurde behauptet, sie wäre am Van-Nuys-Flughafen gesehen worden, wie sie einen Charterflug nach Seattle nahm. Einer anderen Meldung zufolge hielt sie sich in London auf, weil Hole dort am folgenden Sonntag im Astoria II auftreten sollten.

Schließlich stellte sich heraus, daß sie sofort, nachdem sie die Nachricht vom Tod ihres Mannes erhalten hatte, mit einer Chartermaschine nach Seattle geflogen war, und Kurts Mutter Wendy O'Connor aufgesucht hatte. »Ich schlafe jede Nacht in ihrem Bett«, erzählte sie den Tausenden von Fans auf der Todesfeier am Samstag. »Wenn ich morgens aufwache, denke ich manchmal, ich liege neben ihm, weil er ja ein Teil ihres Körpers war.«

Am Samstag traf sie vor dem von Presseleuten belagerten Haus ein. Michael Azerrad, Autor der Nirvana-Biographie COME AS YOU ARE, erschien kurz, um den versammelten Fans Courtney Loves Dank auszusprechen. Später sprach Courtney kurz mit der MTV-Reporterin Tabitha Soren, die sich ironischerweise bereits in Seattle aufhielt, um einen Bericht über Drogen zu machen. Courtney las einige Zeilen aus Kurts Abschiedsbrief vor. Den Rest sprach sie auf ein Tonband, das sie bei der Trauerfeier den Fans in Seattle vorspielte. Bei der privaten Beisetzungsfeier im Kreis der Familie las sie den Brief noch einmal persönlich vor.

Ungefähr zweihundert Freunde und Familienangehörige hatten sich versammelt, um sich von Kurt zu verabschieden. Darunter war auch sein Vater, den er seit seiner Jugend kaum mehr gesehen hatte, seine Mutter, seine Schwester Kim, seine Tante Bev und Leland, sein Großvater väterlicherseits. Dave Grohl, Chris Novoselic, Kim Deal und Peter Buck (von R. E. M.) nahmen ebenfalls an der Trauerfeier teil. Kurts Großmutter Iris war krank und konnte die Reise nach Seattle nicht antreten. »Jetzt kann ich mich nicht von ihm verabschieden«, beklagte sie sich angeblich bei Tante Bev.

Nach dem Gottesdienst wurde ein Tonband mit Kurts Lieblingsliedern von Iggy Pop, den Beatles, Leadbelly und ihm selbst abgespielt. Irgendwie schien es richtig, daß seine eigenen Songs sich in so hochgeschätzter Gesellschaft befanden.

Zur gleichen Zeit lauschten die Fans im Seattle Center Courtneys Tonbandaufnahme. Vorher hatten einige DJs über ihre Begegnungen mit Kurt berichtet, sein Stiefonkel Larry Smith wußte einige Begebenheiten aus seiner Zeit mit Kurt zu erzählen, und Reverend Towles hatte mit der Menge ein kurzes, inniges Gebet gesprochen. Jetzt stand Courtney auf eine Weise im Rampenlicht, die sie nie gewollt hatte.

Bevor sie mit tränenerstickter Stimme die letzten Worte ihres Mannes vorlas, gab sie eine Erklärung ab. Es war mutig von ihr, sich dazu zu bekennen, daß Kurts letzte Gedanken nicht nur seinen unmittelbaren Familienangehörigen galten. Sie betrafen jeden, der sich jemals eine

Aufnahme von Nirvana gekauft hatte, jeden, der irgendwann ein Konzert der Band besucht hatte, jeden, den sein Tun betroffen und traurig machte.

»Ich glaube nicht, daß es würdelos ist, wenn ich Kurts Abschiedsbrief vorlese, denn er hat ihn an euch alle gerichtet.«

Später wurde in den Medien kritisiert, daß Courtney einen so persönlichen Moment mit über 5000 Fremden teilte, aber sie hatte recht. Es war ebenfalls richtig, daß sie nach dem Gottesdienst in der Unity Church ins Seattle Center fuhr. Kurz vor Ende der Trauerfeier setzte sie sich zu den trauernden Fans.

Auch als sie die Menge auf der Tonbandaufnahme anfeuerte, mit ihr im Chor ›Arschloch‹ zu rufen, hatte sie recht. Es war eine ehrliche Reaktion auf Kurts Bekenntnis, daß er sich das Leben nehmen wollte, weil er mit seinem Job nicht mehr zurechtkam.

Mittlerweile stimmen ihr fast alle zu.

Inzwischen gibt es Antworten auf die Fragen, die Seattle nach dem ersten Gerücht beschäftigt hatte. Das Puzzle von Kurts letzten Tagen wurde zusammengesetzt, und doch gibt es noch einige Teile, die nie ganz in das Gesamtbild passen werden.

Warum hat niemand Cobain gezeigt, wo er Hilfe bekommen konnte, wenn sein schlechter psychischer Zustand so vielen bekannt war?

Warum wurde nicht mehr getan, um die Hintergründe aufzudecken, wenn so vielen bekannt war, daß Kurt in seinem Zustand sich selbst und die Band gefährdete?

Und warum drängte sich vielen Menschen, noch bevor Kurt unter der Erde lag, das beunruhigende Gefühl auf, daß er nicht der letzte verwöhnte, beschützte und über alles verehrte Superstar sein wird, der allein in den Tod geht? Das erste bestätigte Zitat eines der trauernden Familienmitglieder stammt von Wendy O'Connor. Sie klagte, ihr Sohn sei diesem »dummen Club« beigetreten, dem Club der toten Rock'n'Roller.

Die Nachrichtendienste griffen ihre Bemerkung begierig auf und merkten an, daß Kurt ebenso wie Jimi Hendrix und Jim Morrison im Alter von 27 Jahren gestorben war. Aber Hendrix, Morrison, Sid Vicious, Brian Jones, Andrew Wood und all die anderen Stars, die am Rock'n'Roll-Himmel scheinen, haben sich nicht freiwillig dazu entschieden, zu sterben. Sie haben nicht in Ruhe einen Abschiedsbrief für ihre Familien entworfen und sich dann mit einem Gewehr in den Mund geschossen.

Kurt Cobains Tod war weder ein Zufall noch ein Versehen. Selbst wenn es den Abschiedsbrief nicht gäbe, könnte niemand behaupten, dieser Selbstmord wäre einer der tragischen Hilfeschreie gewesen. Cobain wußte genau, was er tat, und warum er es tat. Damit hat er auch die Entscheidung getroffen, nicht diesem »dummen Club« beizutreten. Selbst wenn man es so bezeichnen könnte, dann war es sicher nicht der Club, den seine Mutter meinte.

Kurt Cobain gehört nicht zu den Morrisons und Moons dieser – oder einer anderen – Welt. Er starb nicht am Rock'n'Roll. Wenn wir uns an ihn erinnern, sollten wir ihn eher an der Seite von den Joplins und den Shannons, den Garlands und Monroes sehen – den Stars, die an Vernachlässigung starben.

Danksagung

Es ist allgemein bekannt, daß ein Autor für eine Biographie wie diese die Unterstützung und Zeit vieler Menschen braucht. In diesem Fall verdanke ich sehr viel meiner Frau Jo-Ann, die mindestens ebenso hart wie ich gearbeitet hat, um Informationen zu sammeln und zu überprüfen. Ohne sie wäre es mir niemals gelungen, die Chronologie von Kurts letzten Wochen in dieser Welt aufzustellen.

Ich möchte auch Grant Alden danken, der mir großzügigerweise seine Unterlagen zur Verfügung gestellt hat; Jeff Ressner, John Aizlewood und Joe Banks, die mir einige Türen geöffnet haben, welche mir sonst verschlossen geblieben wären; Chris Nickson, Wendy Weisberg und Jeff Tamarkin, die einiges zusätzliche Material für mich aufgetrieben haben; Charles Cross, Gillian Gaar, Robert Roth und besonders Amy Mueller, die eine wunderbare Freundin ist. Auch Snarleyyow, K-Mart, Geoff Monmouth und Anchorite Man waren unersetzliche Stützen – vor allem, als der Ablieferungstermin immer näher rückte. Zum Schluß geht ein besonders herzliches Dankeschön an Tony Secunda und Jim Fitzgerald, die einige Fehler ausgebügelt haben.

Meine Hauptquellen für dieses Buch waren eigene Interviews mit vielen der Hauptcharaktere wie natürlich Kurt Cobain, Dave Grohl und Chris Novoselic, aber auch Steve Albini, Buzz Osbourne, Dale Crover und Gina Birch.

Grant Alden überließ mit freundlicherweise die Aufzeichnungen seiner Interviews mit Jonathan Poneman und Bruce Pavitt, Ben Shepherd, Chris und Dave, und Buzz und Dale; Jo-Ann Greene steuerte die ihrerseits aufgezeichneten mit Chad Channing, Mark Arm, Steve Turner, Daniel House und Nils Bernstein bei. Darüber hinaus trugen Grant und Jo-Ann auch dazu bei, meinen Vorrat an Interviews mit jenen Leuten zu vergrößern, die aus den unterschiedlichsten Gründen in dem vorliegenden Buch nicht namentlich genannt werden wollten.

Zusätzlich zu diesen Quellen hatte ich Zugang zu einigen hundert Artikeln und Zeitungsausschnitten, gesammelt aus Dutzenden von verschiedenen Magazinen. Von all diesen schulde ich besonderen Dank den Zeitungen *Alternative Press*, der *Seattle Times* und dem *Post Intelligencer*, des weiteren *The Rocket*, *Q*, *Select*, *Voc*, *Spin*, *Rolling Stone*, *Option*, der *Los Angeles Times* und *Los Angeles Weekly*, *Details*, *Sounds*, *Melody Maker* und dem *New Musical Express*. Unschätzbaren Wert hatten für mich die folgenden Artikel: »Cobain Found a Kindred Spirit in Frances Farmer's Tragic Life« von William Arnold (*Seattle Post-Intelligencer*, 14. April 1994), »Aberdeen Betrays the Origins of the World's Greatest Garage Band« von Patricia MacDonald (*Seattle Times*, 8. März 1992) und »Nirvana: Inside the Heart and Mind of Kurt Cobain« von Michael Azerrad (*Rolling Stone*, 16. April 1992).

Gesonderte Erwähnung gebührt auch COME AS YOU ARE, Michael Azerrads autorisierter Nirvana-Biographie, hauptsächlich wegen des Kapitels über Kurt Cobains Kindheit und Jugendzeit; in vielerlei Hinsicht diente dieses Buch mir als Ausgangspunkt für den Großteil meiner eigenen Nachforschungen.

Zum Schluß möchte ich noch darauf hinweisen, daß ich mir gelegentlich die Freiheit genommen habe, Dialoge zwischen bestimmten in COME AS YOU ARE auftauchenden Personen neu zu gestalten. Dies geschah jedoch ausschließlich nach gründlichem Abwägen aller verfügbaren Fakten, um sicherzugehen, daß die daraus resultierenden Ereignisse stets nach wie vor den Tatsachen entsprachen.

Diskographie

(zusammengestellt von Werner Bauer)

SINGLES/EP's:
auf *Sub Pop*:
Love Buzz/Big Cheese (12/'88 – US)
Sliver/Dive (10/'90 – US) – in Deutschland: Efa Import

auf *Tupelo* (England):
EP: Blue/Love Buzz/Been a Son/Stain (2/'90 – U. K.)
EP: Sliver/Dive/About A Girl(Live)/Spank Thru(Live) (12/'90 – U. K.)
In Bloom (12/'92 – U. K.)

auf *Geffen* (in Deutschland *Geffen/MCA*, BMG Hamburg):
Smells Like Teen Spirit/Even In His Youth (11/'91 – US/D)
Come As You Are (3/'92 – U. K./D)
Lithium (8/'92 – US)
Heart Shaped Box/Marigold (8/'93 – US/D)
All Apologies/Rape Me (12/'93 – US/D)
Penny Royal Tea (geplant, Ersch.termin lt. Geffen unbestimmt)

auf *Touch & Go*:
mit Jesus Lizard: Oh The Guilt/Puss (1/'93 – U. K.)

auf *Timm/Kerr Records*:
mit William Burroughs: The Priest They Called Him (10/'93 – US)

LP's/CD's:
auf *Geffen*:
BLEACH (Übernahme von SubPop, 6/'89)
NEVERMIND (9/'91)
HORMOANING (1/'92, 6-Track-CD / Japan Import)
INCESTICIDE (12/'92)
IN UTERO (9/'93)

Sampler mit Songs von Nirvana (alle Import)
»Spank Thru (SUB POP 200, Triple-LP) – 11/'88
»Do You Love Me« (KISS TRIBUTE ALBUM) – 5/'90
»Here She Comes Now« (VELVET UNDERGROUND TRIBUTE) – 11/'90
»I Hate Myself And I Want To Die« (THE BEAVIS AND BUTT-HEAD EXPERIENCE) – 11/'93
»Verse Chorus Verse« (NO ALTERNATIVE, AIDS Charity Album) – 1/'94

auf *SAlive* (Import):
ON STAGE IN EUROPE (1991)